# DESCOLONIZANDO A MENTE

## A política linguística na literatura africana

# NGŨGĨ WA THIONG'O

# DESCOLONIZANDO A MENTE

*A política linguística na literatura africana*

TRADUÇÃO HILTON LIMA

Porto Alegre  São Paulo · 2025

# DEDICATÓRIA

Este livro é dedicado com gratidão a quem escreve em línguas africanas e a quem, ao longo dos anos, manteve a dignidade da literatura, da cultura, da filosofia e de outros tesouros que as línguas africanas carregam.

# SUMÁRIO

- 11 **AGRADECIMENTOS**
- 13 **PREFÁCIO À EDIÇÃO BRASILEIRA** GABRIEL NASCIMENTO
- 23 **PREFÁCIO**
- 29 **DECLARAÇÃO**
- 33 **INTRODUÇÃO**

- 40  **1 A LINGUAGEM DA LITERATURA AFRICANA**
- 90  **2 A LINGUAGEM DO TEATRO AFRICANO**
- 138 **3 A LINGUAGEM DA FICÇÃO AFRICANA**
- 180 **4 A BUSCA POR RELEVÂNCIA**
- 217 **POSFÁCIO** RODRIGO ROSP

# AGRADECIMENTOS

O texto *A linguagem da literatura africana* tem uma longa história. Uma parte foi originalmente apresentada como um artigo em uma conferência organizada pela Associação de Escritores do Quênia, em dezembro de 1981, sobre o tema "escrevendo para nossos filhos". Uma versão ligeiramente alterada do artigo original também foi apresentada em uma conferência sobre língua e literatura africana na Universidade de Calabar, na Nigéria, em 1982. A mesma versão — mais uma vez, ligeiramente alterada — foi inscrita na Feira do Livro Internacional do Zimbábue, em 1983, e subsequentemente publicada em um boletim informativo da Associação de Escritores Africanos (AWA) naquele mesmo ano. O presente texto é uma versão expandida e que vai muito além do escopo do seu predecessor. Uma versão condensada deste artigo foi lida em um seminário na Universidade de Bayreuth, na Alemanha, em julho de 1984. O mesmo, apenas com pequenas modificações para atender a ocasião, foi lido como discurso de abertura na Conference on New Writing from Africa, no Commonwealth Institute, em Londres, no mês de dezembro de 1984. O artigo, ligeiramente condensado, foi publicado pela primeira vez na edição número 150 da New Left Review, em 1985.

O texto *A linguagem do teatro africano* também foi lido na Universidade do Zimbábue, em agosto de 1984, com o apoio do Departamento de Literatura e da Fundação para a Educação com Produção do Zimbábue.

O texto *A linguagem da ficção africana* também foi lido em Harare, no Zimbábue, com o apoio do Instituto de Estudos de Desenvolvimento, em agosto de 1984, e no Instituto de Estudos da Commonwealth, da Universidade de Londres, em fevereiro de 1985.

# PREFÁCIO À EDIÇÃO BRASILEIRA

## Gabriel Nascimento

Navegar a intrigante discussão sobre o uso de línguas africanas por africanos reluz uma geração de intelectuais firmes de muitas épocas distintas: Ayo Bamgbose (Nigéria), Amélia Mingas (Angola), Emmanuel Ngué Um (Camarões), Paulin Hountondji (Benin), Kwasi Wiredu (Gana), Tope Ominyi (Nigéria), Souleymane Bachir Diagne (Senegal), Anthony Ayodele Olaoye (Nigéria), etc. O maior deles, sem sombra de dúvidas, foi e segue sendo Ngũgĩ wa Thiong'o.

Essa fascinante demanda, agora sendo enfim apresentada ao leitor brasileiro neste livro, não inaugura um debate entre nós. Antes, o agita. Trata-se do papel do colonialismo para a difusão das línguas que falamos, como falamos, da forma que falamos. Muito do que entendemos por língua descende de uma hierarquização linguística que nasceu à luz da hierarquização racial ocidental.

Os primeiros exploradores do continente africano foram redutores de um conhecimento ali existente, em primeiro plano, e exploradores monolíngues de uma riqueza cultural e linguística quase nunca vista em mesma proporção no planeta. No continente africano, há quatro famílias linguísticas, a afro-asiática, a nilo-saariana, a nigero-congolesa e a khoisan, onde estão congregadas milhares de línguas. Algumas delas servem a mais de um país (por exemplo, o kiswahili tem quase dez milhões de falantes em cerca de dez países, kikongo é falado em Angola e na República Democrática do Congo), e possuem formas diversas de falar (é possível encontrar uma variedade linguística infinita, que vai desde usos familiares até usos governamentais de algumas das mais importantes dessas línguas).

Nada disso impediu o monolinguismo branco de impor línguas nacionais europeias como formas de controle no continente africano. Limitadas em suas línguas nacionais em busca da normatividade e da padronização, muitas missões europeias buscaram traduzir línguas africanas para as suas próprias, como um gesto colonial e monolíngue. Assim nasceram os primeiros dicionários bilíngues de que temos notícia no continente africano, com a invenção linguística e expropriação do continente, o repertório linguístico colonial, a catalogação de línguas locais como dialetos.

Aliás, essa tem sido a forma de chamar línguas africanas na história. Ao passo em que nos deparamos com países diversos linguisticamente, as pessoas viajam de volta contando dos "dialetos" que ouviram por lá. Foi dessa maneira que o colonialismo nos disciplinou e é contra isso que se insurge wa Thiong'o em Descolonizando a mente.

As línguas africanas não são dialetos. É provavelmente fortalecendo a perversidade desse mito que a linguística mainstream, ainda que pareça se opor, expõe a frase "Uma língua é um dialeto com exército e marinha". Atribuído ao linguista Max Weinreich, esse dito ajudou por muito tempo a sustentar a ideia de que o que era concebido como língua era um sistema semiótico-linguístico de comunicação discursivizada pelo poder. O fortalecimento da perversidade ocorre uma vez que, ao rir do dito (em vez de combatê-lo), estamos justamente naturalizando tal poder.

Ngũgĩ wa Thiong'o não faz isso. Na sua crítica a uma cultura literária embevecida pela Europa, o autor escolhe a linguagem como seu ponto de partida. Assemelhando-se a Franz Fanon, quando este desponta contra o mito do petit-nègre, forma infantilizada do francês sugerida como um falar dos então antilhanos negros, o autor afronta um campo de maior longevidade ocidental possível: o mundo editorial. Este, em África, foi produzido à luz das missões coloniais e de suas continuidades por governos neocoloniais, mesmo depois das diversas guerras de independência em muitos países.

Muitas dessas independências, alertam linguistas como Sinfree Makoni ou Kathleen Heugh, embora com mudanças substanciais no texto constitucional, não garantiram uma efetiva educação linguística com consolidação de línguas africanas. As discussões de wa Thiong'o — encantadoramente colocadas em alto e bom som num debate que desmascara a reprodutibilidade eurocêntrica na produção artística, para além de encorajarem um monolinguismo africano — fortalecem a tese de Sinfree Makoni e Alastair Pennycook de que a verdadeira língua franca africana é o multilinguismo.

É nele que está a África como um berço do mundo. Nela se ancoram todas as formas, estas multilínguas francas, de se ver o mundo. Não se trata do dialogismo comum europeu, em que as contradições ou dicotomias formam terceiras verdades, estas girando em torno de um padrão, o fortalecendo enquanto pressuposto. Vejam que parecemos girar em torno de temas como raça, gênero, sexualidade. É um mesmo padrão ensimesmado girando no próprio monolinguismo. Essas multilínguas francas estão além. São muito mais.

Me lembro de uma discussão minha com um vendedor de sapatos em Hoji-Ya-Henda, o famoso complexo de feiras em Luanda, em Angola. Ele, irritado e apressado, queria que eu escolhesse logo o sapato e pagasse. Começou a me ofender em nganguela, uma das línguas nacionais angolanas. Os dois amigos-irmãos que estavam comigo me defendiam, cada um em suas línguas familiares. Um arranhava um pouco de nganguela, misturando com algo de kikongo. O outro falava um kikongo, mas eu cheguei a ouvir um pouco de lingala. Embora usasse um pouco de minha base de linguista, eu ali era o único monolíngue, o herdeiro de uma parte sombria da minha família paterna, os europeus. Aprendia naquele momento o bastante com meus irmãos africanos, o que certamente daria muito orgulho à minha mãe preta e sua descendência, que o multilinguismo não era a Torre de Babel, mas uma tecnologia singular de se fazer entender, de ir à luta, de vencer.

Em muitas culturas africanas, antes e depois do horror colonial, dessa fábrica de moer gente arraigada pela filosofia de guerra permanente inventada pelos europeus, o deslocamento foi responsável pelas trocas linguísticas. O linguista nigeriano Tope Ominyi dá até um nome a esse fenômeno, que ele compara com uma globalização africana (antes desse fenômeno ser assim lido no Ocidente): continentalização. A exemplo disso, tanto o kiswahili, defendido por wa

Thiong'o ou Paulin Hountondji, quanto o inglês de Nollywood produziram um efeito sociolinguístico poucas vezes antes visto na história da humanidade com essa proporção. Aí está a faceta da nossa história, do perfeito mote de onde se insurge nosso autor.

O provável debate de crítica aqui (kiswahili versus inglês de Nollywood) é mais do que uma briga entre o europeu que continuou na África (o inglês de Nollywood) e o africano que virou língua franca (a língua kiswahili). Ao criticar a "gratidão" que escritores africanos mundialmente famosos, como Chinua Achebe, têm pelo inglês, ou a escolha política contraditória do líder e poeta Léopold Sédar Senghor, ex-presidente do Senegal, pelo francês, Ngũgĩ wa Thiong'o abriu um horizonte de rumores na filosofia africana reiterado pela pergunta incisiva do filósofo Kwasi Wiredu: é possível filosofar em línguas nacionais africanas?

Partindo do akan, sua língua natal, Wiredu mostra como pressupostos ocidentais já foram perfeitamente pluralizados anteriormente em línguas africanas. O famoso "cogito ergo sum", ou "penso, logo existo", é pacato perto do pressuposto "eu sou porque nós somos e, já que nós somos, eu sou". Nessa perfeita faceta, ele prova que é mais do que necessário falar línguas africanas (languaging), mas, muito a partir do que defende Kathleen Heugh, agir em um transknowledging, isto é, navegar por conhecimentos distintos em línguas africanas que são elas mesmas cultura e conhecimento.

O famoso passeio que nos propõe o autor deste nosso livro é mesmo instigante. Se até aqui percebemos que a África é uma metáfora para todo o multilinguismo estratégico do mundo, não podemos reduzi-la a uma única África. As fronteiras nacionais impostas buscaram reduzir mundos muito complexos, línguas que forjam a identidade cultural desses povos. Ao contrário dos europeus, que têm suas línguas como bandeiras, mas as mitificam em processos culturais megalomaníacos de purificação (dicionários, gramáticas), o multilinguismo africano é interlíngue, conectado socioculturalmente e justificador de batalhas pré-coloniais, modos de representação gráfica complexa (é isso, o continente não é só oral, como dizem por aí!) e sistemas semióticos que nos ensinam muitas coisas que os modelos de educação simplesmente rejeitam.

Quando um baiano diz "comer água" significando "tomar cachaça", é quase impossível a essa pessoa descobrir que esse efeito, chamado historicamente por linguistas de gramaticalização (prefiro ressemantização ou ressemiotização), foi descoberto há muito tempo por linguistas europeus no continente africano. Isso mesmo: a ideia de "brincar" com a língua, produzindo relações paradigmáticas paradoxais (até onde sabíamos, "comer" era o ato de ingerir algo sólido, mas nesse caso a metáfora pressupõe "beber cachaça"), tem no coração de muitas línguas africanas sentido estratégico, político, espaço-temporal.

Nesse sentido, as muitas avenidas abertas nesta obra nos levam a um enorme interesse ainda não realizado: entender a inteireza das línguas africanas e como elas seguem revolucionando nosso modo de pensar e agir, mesmo na língua portuguesa, aqui e agora. Ao chamarmos de pretuguês essa africanização perfeita que damos ao português, não podemos e nem devemos rejeitar a possibilidade de nos entendermos como cidadãos de línguas africanas complexas e fecundas. Numa aula de kimbundu, quando a professora explicava que uma das saudações para bom dia nessa língua, "wazekele", não significa exatamente "bom dia", mas "como passou a noite?", eu me lembrei diretamente do interior da

Bahia, de onde sou. Nessa região é possível ver senhorinhas de idade passar pelas ruas bem cedo e perguntar umas às outras: "Como passou a noite, Luzia?". Ou seja, é como se a memória do kimbundu tivesse continuado viva e passasse a ser ressemantizada em português, produzindo um perfeito pretuguês.

A África que há em nós, em algum lugar, é multilíngue e segue falando africano. Os nossos orixás entendem a forma como falamos iorubá em nossos orikis ou em nossos momentos de saudação.

E assim este livro vai fazer o leitor brasileiro olhar para si com vontade de continuar se vendo. Não é um espelho, mas uma multiplicidade de caminhos dentro dele, nos levando ao inescapável hábito de se entreter sem se perder. É uma língua emergente do corpo, um movimento desde dentro, um espelho de onde ecoam possibilidades contra a contaminação colonial, com a qual não temos o privilégio de não lidar, mas que, com a força da encruzilhada contracolonial, passa a ser mais um detalhe a ser forçado contra ela mesma, uma língua ensimesmada, um oco político em uma rota única de destruição. Este é *Descolonizando a mente*, uma obra única que, desde 1986, é um ponto nevrálgico e eletrizante na vida de cada um e cada uma de nós e que agora chega ao colo do povo brasileiro que, com sua eterna generosidade de leitura que herda de África as suas facetas gnosiológicas, saberá dar ao livro um caminho de longevidade merecido também entre nós.

**Gabriel Nascimento** é linguista e escritor

# PREFÁCIO

Foi com gratidão que recebi o convite para ministrar a edição de 1984 da Robb Lectures, uma série de palestras na Universidade de Auckland em homenagem a Sir Douglas Robb, antigo reitor da instituição e um dos mais destacados cirurgiões da Nova Zelândia. As universidades, hoje em dia, particularmente na África, tornaram-se as patronas modernas do artista. A maioria dos escritores africanos são produtos de universidades: de fato, uma boa quantidade delas ainda alia postos acadêmicos à atividade da escrita. Além disso, um escritor e um cirurgião têm algo em comum — uma paixão pela verdade. A prescrição do tratamento correto depende de uma rigorosa análise da realidade. Escritores são cirurgiões do coração e da alma das comunidades. E, finalmente, essas palestras jamais teriam sido redigidas, pelo menos não no ano de 1984, sem o convite da Universidade de Auckland.

Gostaria de agradecer ao reitor, Dr. Lindo Ferguson, ao vice-reitor, Dr. Colin Maiden, ao arquivista, Warwick Nicholl, e à sua equipe, tanto pelo convite quanto pela calorosa recepção. O professor Michael Neil e Sebastion Black foram meticulosos e solícitos em todos os preparativos.

Eles, junto com o professor Terry Sturm e com a equipe do Departamento de Língua Inglesa, fizeram com que eu me sentisse em casa. Agradeço também a Wanjikũ Kĩariĩ e Martyn Sanderson pela amizade e atenção constante durante a visita e por prontamente participarem das palestras como atores na última hora; ao professor Albert Wendt, o romancista samoano, e sua esposa Jenny, que deram uma grande festa para nós na sua casa na Universidade do Pacífico Sul, em Fiji, e tiraram um tempo para um passeio de carro por Suva; a Pat Hohepa, que preparou uma emocionante recepção maori; e a todos os maoris, dentro e fora da universidade, que nos receberam nas suas casas e nos seus locais de trabalho. A sante sana!

Fiquei particularmente emocionado com a recepção que recebi do povo maori, e isso viverá para sempre na minha memória. Há muito a se aprender com a cultura desse povo, uma cultura que tem tamanha vitalidade, força e beleza: a vitalidade, a força e a beleza da resistência. Fiquei, portanto, feliz que minhas aulas sobre a política da linguagem na literatura africana coincidiram com a semana da língua maori. Vida longa à língua e à cultura de luta do povo maori!

Além do estímulo do convite da Nova Zelândia, essas aulas devem muito ao tempo que passei na Universidade de Bayreuth, na Alemanha Ocidental, como professor convidado vinculado ao Departamento de Língua Inglesa e Literatura Comparada, de 15 de maio a 15 de julho de 1984. Quero agradecer ao professor H. Ruppert, coordenador do projeto de pesquisa especial sobre identidade na África, e ao Conselho de Pesquisa Alemão pelo convite; e ao professor Richard Taylor e todo o pessoal do Departamento de Língua Inglesa pela calorosa recepção. Gostaria de destacar o Dr. Reinhard Sander (que providenciou a visita), a Dra.

Rhonda Cobham, o Dr. Eakhard Breitinger, o Dr. Jurgen Martini e Margit Wermter, por disponibilizarem seu tempo e por proporcionarem um ambiente intelectual aconchegante e estimulante para eu trabalhar. Ao Dr. Bachir Diagne, do Senegal, com quem compartilhei uma casa no distrito de St. Johannis, sinto uma dívida especial por todas as sessões sobre lógica matemática, Louis Althusser, Michel Pêcheux, Pierre Macherey, Ferdinand de Saussure, Léopold Sédar Senghor, uolofe, filosofia africana e muito mais. Ele também fez traduções de algumas passagens do francês para o inglês.

O fato dessas aulas terem ficado prontas a tempo se deve muito a Eva Lannö. Ainda que a primeira aula tenha sido redigida e o plano geral das demais tenha sido realizado em Bayreuth, a composição e a redação das outras três e a digitação de todas as quatro foram feitas na Nova Zelândia. Eva as digitou, as duas últimas enquanto eu ainda as escrevia, enquanto resolvia planos para a viagem e compromissos e corria às bibliotecas e livrarias em busca de referências urgentemente necessárias.

E, finalmente, estas aulas não teriam sido possíveis sem a inspiradora amizade patriótica de todos os meus compatriotas quenianos no exterior, principalmente aqueles na Grã-Bretanha, na Dinamarca, na Suécia e no Zimbábue; e a todos os amigos das lutas do povo queniano por democracia e direitos humanos. Não citarei seus nomes aqui por motivos externos a este livro. Mas a força de redigir as aulas e os outros livros que escrevi desde 1982, sob as duras condições da minha presente existência, vem dessas pessoas.

Ao longo dos anos, passei a perceber cada vez mais que o trabalho, qualquer trabalho, mesmo o trabalho criativo literário, não é resultado de uma genialidade individual, mas de um esforço coletivo. Há tantas contribuições na formação de uma imagem, uma ideia, uma linha de argumentação e, às vezes, até mesmo na disposição formal. As próprias palavras que usamos são produto de uma história coletiva. Assim é também esta obra.

Devo muito às pessoas que contribuíram ao grande debate sobre a linguagem da literatura africana, em particular ao falecido David Diop, do Senegal, e a Obi Wali, da Nigéria, que fez a intervenção histórica em 1964. Há muitos outros. Linguistas africanos, por exemplo, têm sido mais progressistas na sua visão sobre a questão da língua do que seus pares na literatura criativa. Por exemplo, muitos bons trabalhos sobre as línguas quenianas e africanas foram produzidos no Departamento de Linguística e Línguas Africanas da Universidade de Nairóbi. O professor Abdulaziz e o Dr. Karega Mūtahi têm feito um trabalho pioneiro em muitas áreas das línguas quenianas. Ambos reconhecem haver três línguas para cada criança no Quênia, uma realidade que muitos quenianos patrióticos e democráticos agora defenderiam que deveria ser traduzida em políticas sociais e oficiais. Kiswahili seria a língua nacional e oficial de todo o Quênia; as línguas das outras nacionalidades teriam seus devidos espaços nas escolas; e o inglês continuaria sendo a primeira língua de comunicação internacional do povo queniano. Mas nestas aulas não trato tanto da política das línguas como trato das práticas linguísticas dos autores africanos. Devo aqui salientar e reiterar que em toda a África há muitos autores que, ao longo dos anos, ao longo dos séculos, têm escrito e continuam a escrever em línguas africanas.

O meu pensamento foi decisivamente moldado e modificado, mais do que eu jamais poderia expressar em papel, pelo trabalho e pelos debates coletivos dos funcionários e alunos do Departamento de Literatura da Universidade de

Nairóbi, particularmente no período de 1971 a 1977. Sempre me lembro com carinho de todo o quadro de funcionários, todos os alunos, todos os profissionais de secretarias e todos os outros trabalhadores com quem tive o privilégio de interagir durante aqueles relevantes anos. A professora Mĩcere Mũgo tinha uma capacidade de fazer minha imaginação disparar em diferentes direções, e eu sempre aguardava, particularmente nos anos de 1974 a 1976, pelos nossos encontros matinais, quase que diários, de discussões e análise de eventos nos corredores do Departamento de Literatura, encontros que resultaram na autoria conjunta de *The trial of Dedan Kĩmathi*, por si só um ato de intervenção literária e política.

A conferência de 1974 em Nairóbi sobre o ensino da literatura africana nas escolas foi um marco importante no meu crescimento. Devo muito aos professores e aos participantes, pois obtive muito conhecimento daqueles procedimentos muitas vezes acalorados. A conferência em si se deveu muito aos incansáveis esforços de S. Akivaga e Eddah Gachukia que, de forma hábil e admirável, a mantiveram em pé. A Wasambo Were, o primeiro inspetor queniano de dramaturgia e literatura no Ministério da Educação, e a todos os docentes e funcionários dos departamentos de literatura em Nairóbi e na Kenyatta University College que continuaram o debate sobre literatura africana nas escolas, ofereço estes ensaios como a minha suposta contribuição se eu tivesse estado na cena.

Se os departamentos de literaturas de Nairóbi influenciaram meu pensamento sobre língua e literatura, Kamĩrĩĩthũ foi decisiva no meu rompimento de fato com minha antiga práxis na área da ficção e do teatro. Sou grato a todas as mulheres e homens de Kamĩrĩĩthũ com quem trabalhei no

Centro Educacional e Cultural da Comunidade de Kamĩrĩĩthũ, e em especial a Ngũgĩ wa Mĩriĩ, S. Somji, Kĩmani Gecau e Kabiru Kĩnyanjui.

Inevitavelmente, ensaios desta natureza podem trazer uma atitude ou um tom presunçoso. Gostaria de deixar claro que escrevo tanto sobre mim quanto sobre qualquer outra pessoa. Os presentes apuros da África frequentemente não são uma questão de escolha pessoal: eles emergem de uma situação histórica. Suas soluções não são tanto uma questão de decisão pessoal, mas de uma transformação social fundamental das estruturas das nossas sociedades, a começar com uma ruptura real com o imperialismo e seus líderes internos aliados. O imperialismo e suas alianças de comprador na África jamais poderão desenvolver o continente.

Se nestes ensaios eu critico a escolha afro-europeia (ou euroafricana) da nossa práxis linguística, não é para desmerecer o talento e a genialidade daqueles que escreveram em inglês, francês ou português. Do contrário, eu lamento uma situação neocolonial que proporcionou à burguesia europeia outra vez roubar nossos talentos e gênios da mesma forma como roubaram a nossa economia. Nos séculos 18 e 19, a Europa roubou tesouros de arte da África para decorar suas casas e museus; no século 20, a Europa está roubando os tesouros da mente para enriquecer suas línguas e culturas. A África precisa retomar a sua economia, sua política, sua cultura, suas línguas e todos os seus autores patrióticos.

Para encerrar com Shabaan Robert: *Titi la mama litamu lingawa la mbwa, lingine halishi tamu... Watu wasio na lugha ya asili, kadiri walivyo wastaarabu, cheo chao ni cha pili dunia — dunia la cheo.*

# DECLARAÇÃO

Em 1977, publiquei *Petals of blood* e dei adeus à língua inglesa como veículo da minha escrita em peças, romances e contos. Toda a minha escrita criativa subsequente foi feita diretamente na língua gĩkũyũ: meus romances, *Caitaani Mũtharabainĩ* e *Matigari Ma Njirũũngi*, minhas peças, *Ngaahika Ndeenda* (em coautoria com Ngũgĩ wa Mĩriĩ) e *Maitũ Njugĩra*, e meus livros infantis, *Njamba Nene na Mbaathi ĩ Mathagu*, *Bathitoora ya Njamba Nene* e *Njamba Nene na Cibũ Kĩng'ang'i*.

No entanto, continuei escrevendo prosa explicativa em inglês. Logo, *Detained: a writer's prison diary*, *Writers in politics* e *Barrel of a pen* foram todos escritos em inglês.

Este livro, *Descolonizando a mente*, é meu adeus à língua inglesa como veículo para qualquer das minhas escritas. Daqui em diante, escreverei sempre em gĩkũyũ e kiswahili.

No entanto, espero que, através do antigo instrumento da tradução, eu possa continuar dialogando com todos.

A LUTA, FAZ HISTÓRIA.
A LUTA NOS FAZ.
A LUTA, ESTÁ A NA LUTA, NOSSA HISTÓRIA, A NOSSA LÍNGUA E O NOSSO SER.

# INTRODUÇÃO

Este livro é um resumo de algumas das questões nas quais me envolvi apaixonadamente nos últimos vinte anos da minha atuação na ficção, no teatro, na crítica e no ensino da literatura. Para aqueles que leram meus livros *Homecoming, Writers in politics, Barrel of a pen* e até mesmo *Detained: a writer's prison diary*, talvez haja um sentimento de déjà-vu. Tal impressão não está muito distante da verdade. Mas as aulas nas quais este livro é baseado me deram a chance de reunir, de uma forma conexa e coerente, os principais pontos sobre a questão da linguagem na literatura que abordei aqui e ali nas minhas obras e entrevistas anteriores. Espero, no entanto, que o trabalho tenha se beneficiado das ideias que tive com as reações — tanto amistosas quanto hostis — de outras pessoas sobre essas questões ao longo dos anos. Este livro é parte de um debate contínuo por todo o continente sobre o destino da África.

O estudo das realidades africanas foi, por tempo demais, observado sob a perspectiva de tribos. O que acontece no Quênia, em Uganda ou no Maláui é devido à tribo A contra a tribo B. O que irrompe no Zaire[1], na Nigéria, na Libéria ou na Zâmbia é devido à hostilidade tradicional entre a tribo D e a tribo C. Uma versão dessa mesma interpretação genérica é a de muçulmanos contra cristãos ou de católicos contra protestantes quando um povo não se encaixa tão facilmente em "tribos". Até a literatura é às vezes avaliada em relação às origens "tribais" dos autores ou às origens e composições "tribais" dos personagens em um determinado romance ou peça. Essa enganosa interpretação genérica das realidades africanas foi popularizada pela mídia ocidental, que gosta de desviar a atenção das pessoas do fato de que o imperialismo ainda é a raiz de muitos problemas da África. Infelizmente alguns intelectuais africanos também foram vítimas — alguns de forma incurável — desse esquema, sendo incapazes de enxergar que explicar qualquer diferença de perspectiva intelectual ou qualquer conflito político em relação às origens étnicas dos atores vem de uma lógica colonial de "dividir para conquistar". Nenhum homem ou mulher pode escolher a sua nacionalidade biológica. Os conflitos entre povos não podem ser explicados nos termos do que é fixo (as invariáveis). Se assim fosse, os problemas entre dois povos quaisquer seriam sempre os mesmos em qualquer tempo e lugar; e, além disso, nunca haveria nenhuma solução para conflitos sociais, a não ser ao mudar aquilo que é permanentemente fixo, como, por exemplo, através de uma transformação genética ou biológica dos atores.

---

1 N.T.: Quando este livro foi escrito, Zaire era o nome da atual República Democrática do Congo.

Minha abordagem será diferente. Observarei as realidades africanas pela forma como elas são afetadas pela grande luta entre as duas forças mutuamente opostas na África de hoje: uma tradição imperialista de um lado e uma tradição de resistência de outro. A tradição imperialista na África é mantida hoje pela burguesia internacional utilizando a multinacional e, claro, as classes chauvinistas dominantes do local. A dependência econômica e política dessa burguesia neocolonial africana se reflete na sua cultura de macaqueação e papagueamento imposta a uma inquieta população por meio dos coturnos dos policiais, dos arames farpados e das capas pretas do clero e do judiciário; suas ideias são espalhadas por um conjunto de intelectuais do Estado, os laureados da academia e do jornalismo pertencentes à estrutura neocolonial. A tradição da resistência é mantida pelos trabalhadores (o campesinato e o proletariado), auxiliados por estudantes patriotas, intelectuais (acadêmicos ou não), soldados e outros elementos progressistas da pequena classe média. Essa resistência se reflete na sua defesa patriótica das raízes proletárias/campesinas das culturas nacionais, sua defesa da luta democrática de todas as nacionalidades que habitam o mesmo território. Qualquer golpe no imperialismo, não importa a origem étnica ou regional desse golpe, é uma vitória para todos os elementos anti-imperialistas em todas as nacionalidades. A soma total de todos esses golpes, não importa peso, tamanho, escala, localização no tempo e no espaço, forma o patrimônio nacional.

Para esses defensores patrióticos das culturas de luta dos povos africanos, o imperialismo não é um bordão. Ele é real, palpável em conteúdo e forma e nos seus métodos e efeitos. O imperialismo é o poder do capital financeiro consolidado, e desde 1884 esse capital parasita tem afetado e continua a afetar até mesmo as vidas dos camponeses nos recantos mais remotos dos nossos países. Se você duvida, conte quantos países africanos foram hipotecados ao FMI — o novo Ministério da Fazenda Internacional, como disse, certa vez, Julius Nyerere. Quem paga pela hipoteca? Cada um dos produtores de riqueza real (uso-valor) do país hipotecado, o que significa cada trabalhador e camponês. O imperialismo é total: traz consequências políticas, econômicas, militares, culturais e psicológicas para as pessoas do mundo hoje em dia. Pode até mesmo levar ao holocausto.

A liberdade para que o capital financeiro ocidental e os vastos monopólios transnacionais sob seu guarda-chuva continuem roubando dos países e dos povos da América Latina, África, Ásia e Polinésia é protegida atualmente por armas convencionais e nucleares. O imperialismo, liderado pelos Estados Unidos, dá aos povos da Terra que lutam, e a todos aqueles que clamam por paz, democracia e socialismo, o seguinte ultimato: aceitar o roubo ou a morte.

Os oprimidos e explorados da Terra se mantêm desafiadores: a libertação do roubo. Mas a maior arma, empunhada e lançada diariamente pelo imperialismo contra essa ousadia coletiva, é a bomba cultural. O efeito de uma bomba cultural é a aniquilação da crença de um povo nos seus nomes, suas línguas, seu ambiente, sua herança de luta, sua união, suas capacidades e, finalmente, em si mesmos. Faz com que enxerguem seu passado como um deserto cheio de irrealizações e faz com que queiram se distanciar desse deserto. Faz com que queiram se identificar com o que está o mais distante possível de si próprios; por exemplo, com a língua dos outros em vez de com a sua própria. Faz com que se identifiquem com o que é decadente e reacionário, todas aquelas forças que cessariam suas próprias fontes de vida. Ela até mesmo semeia sérias dúvidas quanto à integridade moral da luta. Possibilidades de triunfo ou vitória são vistas como sonhos distantes e ridículos. O resultado esperado é o desespero, o desânimo e um desejo de morte coletivo. Em meio a esse deserto que tal bomba criou, o imperialismo se apresenta como a cura e exige que os dependentes cantem hinos de louvor com o refrão constante: "O roubo é sagrado". De fato, esse refrão resume o novo credo da burguesia neocolonial em muitos estados africanos "independentes".

As classes que lutam contra o imperialismo, mesmo no seu estágio e forma neocolonial, precisam enfrentar essa ameaça com a mais alta e criativa cultura de luta corajosa. Tais classes precisam utilizar com ainda mais força as armas de luta presentes nas suas culturas. Precisam falar a linguagem unida da luta em cada uma das suas línguas. Precisam descobrir seus vários idiomas para cantar a canção: "O povo unido jamais será vencido".

O tema deste livro é simples. É retirado de um poema do poeta guianense Martin Carter, no qual ele vê homens e mulheres comuns com fome e vivendo em quartos sem luz; todos esses homens e mulheres na África do Sul, na Namíbia, no Quênia, no Zaire, na Costa do Marfim, em El Salvador, no Chile, nas Filipinas, na Coreia do Sul, na Indonésia e em Granada, os "condenados da terra" de Fanon, que declararam em alto e bom som que não dormem para sonhar, mas "sonham para mudar o mundo".

Espero que algumas das questões deste livro possam ecoar nos seus corações.

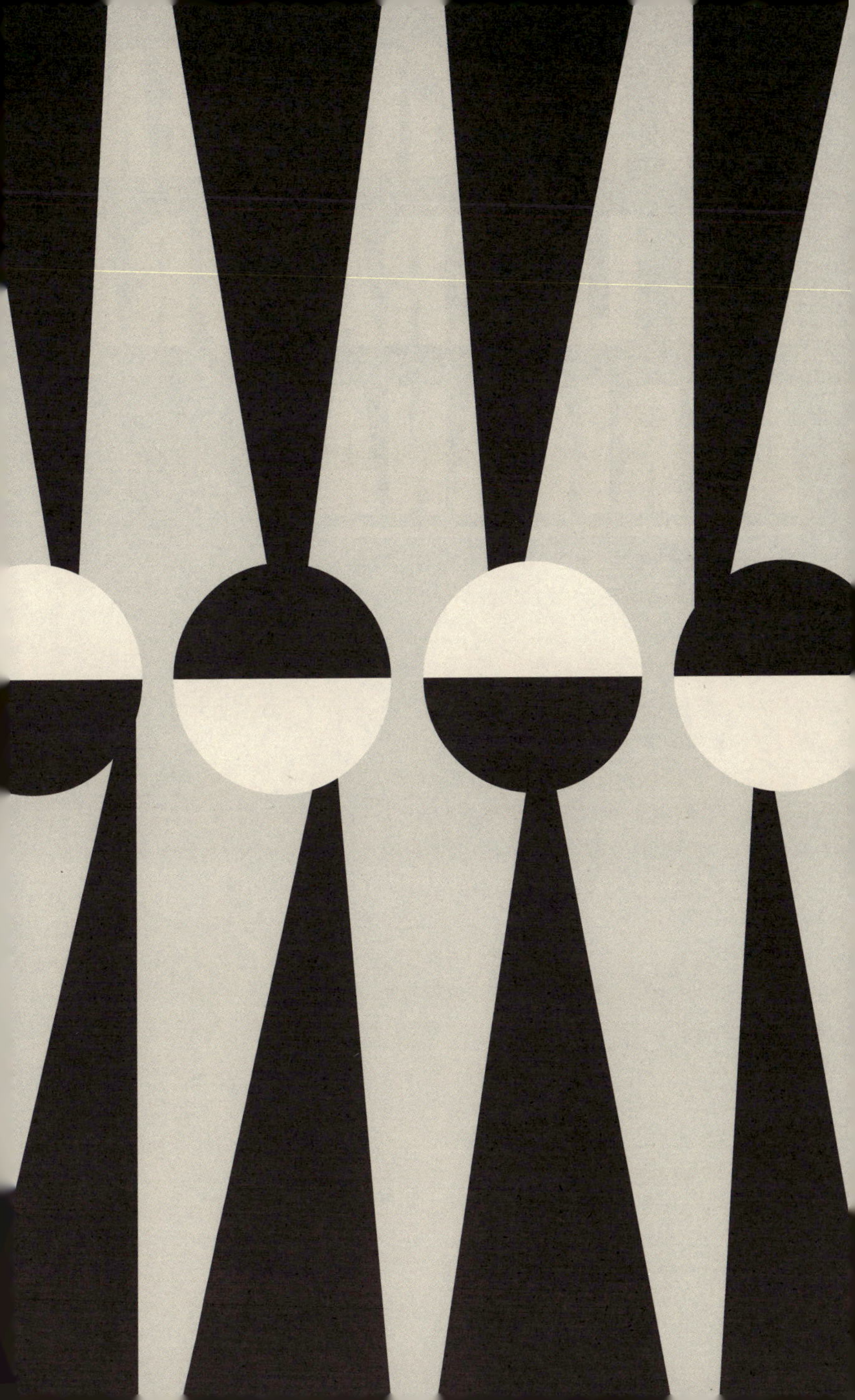

# 1 A LINGUAGEM DA LITERATURA AFRICANA

A linguagem da literatura africana não pode ser discutida de maneira significativa fora do contexto das forças sociais que a tornaram tanto uma questão que requer nossa atenção quanto um problema que clama por uma solução.

De um lado está o imperialismo, nas suas fases coloniais e neocoloniais, continuamente forçando a mão de obra africana a arar o solo e colocando antolhos no rosto para fazer ela enxergar o caminho em frente apenas conforme a determinação do senhor armado com a bíblia e a espada. Em outras palavras, o imperialismo segue controlando a economia, a política e as culturas da África. Mas, do outro lado, e em confronto com o imperialismo, estão as incessantes lutas dos povos africanos para libertar sua economia, sua política e sua cultura desse garrote euro-americano para inaugurar uma nova era de verdadeira autorregulação e autodeterminação comunitárias. Essa é uma luta contínua para retomar sua iniciativa criativa na história através de um controle real de todos os meios de autodefinição comunitária no espaço e no tempo. A escolha da língua e o uso que é dado a ela é central para a definição de um povo sobre si mesmo em relação ao seu meio social e natural, assim como em relação a todo o universo. Dessa forma, a língua sempre esteve no centro das duas forças sociais em disputa na África do século 20.

A disputa começou há cem anos, quando, em 1884, os poderes capitalistas da Europa se reuniram em Berlim e entalharam um continente inteiro, com sua multiplicidade de povos, culturas e línguas, em diferentes colônias. Parece ser a sina da África ter seu destino sempre decidido em mesas de conferências nas metrópoles do mundo ocidental: sua submersão de comunidades autônomas a colônias foi decidida em Berlim; sua transição mais recente para neocolônias com as mesmas fronteiras foi negociada ao redor das mesmas mesas em Londres, Paris, Bruxelas e Lisboa. A divisão sorteada em Berlim, sob a qual a África segue vivendo, foi obviamente econômica e política, apesar das alegações dos diplomatas munidos de bíblias, mas também era cultural. Berlim, em 1884, promoveu a divisão da África nas diferentes línguas das potências europeias. Os países africanos, como colônias ou, mesmo hoje, como neocolônias, passaram a ser definidos e a se definirem com base nas línguas da Europa: países africanos anglófonos, francófonos ou lusófonos[1].

Infelizmente, os autores que deveriam estar buscando caminhos para sair desse cercamento linguístico do seu continente também passaram a ser definidos e a se definir com base nas línguas da imposição imperialista. Mesmo no posicionamento mais radical e pró-africano dos seus sentimentos e da articulação dos problemas, eles ainda consideraram axiomático que a renascença das culturas africanas estivesse nas línguas da Europa.

Eu sei bem!

Em 1962, fui convidado para aquele histórico encontro de escritores africanos na Universidade de Makerere, em Kampala, em Uganda. A lista de participantes contava com a maior parte dos nomes que hoje se tornaram temas de dissertações em universidades por todo o mundo. O título? Conferency of African Writers of English Expression[2].

Na época, eu era um estudante de Língua Inglesa em Makerere, uma instituição de ensino superior da Universidade de Londres no exterior. A principal atração, para mim, era a possibilidade real de conhecer Chinua Achebe. Levava comigo um rascunho datilografado de um romance no qual estava trabalhando, *Weep not, child*, e queria que ele o lesse. No ano anterior, 1961, eu terminara *The river between*, minha primeira tentativa de romance, e o inscrevera num concurso literário organizado pelo Serviço de Literatura da África Oriental. Eu seguia a tradição de Peter Abrahams, com sua produção de romances e autobiografias indo de *Path of thunder* a *Tell freedom*, e seguida por Chinua Achebe, com a publicação de *O mundo se despedaça*, em 1959. Ou seus colegas nas colônias francesas, a geração de Sédar Senghor e David Diop incluída na edição parisiense de 1947-48 da *Anthologie de la nouvelle poésie nègre et malgache de langue française*. Todos eles escreveram em línguas europeias, como foi o caso de todos os participantes naquele significativo encontro em Makerere, em 1962.

O título, Conferency of African Writers of English Expression, automaticamente excluía quem escrevia em línguas africanas. Agora, olhando em retrospecto, a partir das alturas questionadoras de 1986, posso ver que havia aí anomalias absurdas. Eu, um estudante, estaria apto a participar do encontro com base em apenas dois contos publicados, *The fig tree* (Mũgumo), na Penpoint, uma publicação estudantil, e *The return*, na Transition, uma nova revista. Mas nem Shabaan Robert, até então o maior poeta vivo da África Oriental, com várias obras de poesia e prosa publicadas em kiswahili, tampouco Daniel O. Fagunwa, o grande escritor nigeriano, com várias obras publicadas em iorubá, estariam aptos a participar.

As discussões sobre romance, conto, poesia e dramaturgia se baseavam em extratos de obras em inglês e, consequentemente, excluíam o principal conjunto de obras em suaíli, zulu, iorubá, árabe, amárico e outras línguas africanas. No entanto, apesar dessa exclusão de escritores e da literatura em línguas africanas, assim que foram encerradas as introduções preliminares, esta conferência de *autores africanos de expressão inglesa* se debruçou sobre o primeiro item da pauta: "O que é a literatura africana?".

O debate que se sucedeu foi animado. Seria ela a literatura sobre a África ou sobre a experiência africana? Seria a literatura escrita por africanos? E quanto a um não africano que escreve sobre a África, sua obra seria considerada literatura africana? E se um africano ambientasse a sua obra na Groenlândia, isso seria considerado literatura africana? Ou as línguas africanas seriam o critério? Certo, e o árabe não era estrangeiro à África? E quanto ao francês e ao inglês, que se tornaram idiomas africanos? E se um europeu escrevesse sobre a Europa numa língua africana? E... E... E... Isso ou aquilo outro, exceto a seguinte questão: a dominação das nossas línguas e culturas por aquelas da Europa imperialista. De qualquer modo, não havia Fagunwa ou Shabaan Robert ou qualquer autor de línguas africanas para trazer a conferência para fora do reino das abstrações evasivas. A pergunta nunca foi feita a sério: o que escrevíamos poderia ser considerado literatura africana? Toda a parte da literatura e do público e, portanto, da língua como determinante tanto do público nacional como de classe não se concentrava de fato na questão; o debate era mais sobre o tema e as origens raciais e a habitação geográfica do escritor.

O inglês, como o francês e o português, era considerado a língua natural da mediação literária, e até mesmo política, entre povos africanos de uma mesma nação e entre as nações e outros continentes. Em alguns casos, essas línguas europeias eram vistas como capazes de unir os povos africanos contra as tendências de divisão inerentes à multiplicidade de línguas africanas em um mesmo estado geográfico. Dessa forma, Es'kia Mphahlele escreveria mais tarde, em uma carta à edição número 11 da Transition, que o inglês e o francês haviam se tornado as línguas comuns para apresentar uma frente nacionalista contra os opressores brancos e que, mesmo "onde o homem branco já bateu em retirada, como nos estados independentes, essas duas línguas seguem sendo uma força de unificação"[3]. Na esfera literária, elas frequentemente eram vistas como se chegassem para salvar as línguas africanas de si mesmas. Ao escrever um prefácio para o livro de Birago Diop, *Les contes d'Amadou Koumba*, Sédar Senghor elogia o autor por usar o francês para resgatar o espírito e o estilo das antigas fábulas e contos da África. "No entanto, ao traduzi-las para o francês, ele as renova com uma arte que, ao mesmo tempo que respeita o gênio da língua francesa, essa língua de bondade e honestidade, preserva todas as virtudes das línguas negro--africanas"[4]. O inglês, o francês e o português tinham vindo ao nosso resgate, e nós aceitamos esse presente não solicitado com gratidão. Consequentemente, em 1964, Chinua Achebe, num discurso intitulado *The african writer and the English language*, disse: "É certo uma pessoa abandonar sua língua materna pela de outra? Parece uma traição medonha e produz um sentimento de culpa. Mas, para mim, não há outra escolha. Deram a língua a mim e pretendo utilizá-la"[5].

Observe o paradoxo: a possibilidade de usar línguas maternas provoca um tom de leveza em frases como "uma traição medonha" e "um sentimento de culpa"; mas a do uso de línguas estrangeiras produz um abraço positivo categórico, o que o próprio Achebe, dez anos mais tarde, descreveria como "essa lógica fatalista da inexpugnável posição do inglês na nossa literatura"[6].

O fato é que todos nós que optamos por línguas europeias — os participantes da conferência e a geração que os sucedeu — aceitamos essa lógica fatalista em maior ou menor grau. Éramos guiados por ela e a única questão que nos preocupava era como fazer as línguas emprestadas carregarem o peso da nossa experiência africana através de, por exemplo, fazer com que elas se "alimentassem" dos provérbios africanos e outras peculiaridades da fala e do folclore africano. Para essa tarefa, Achebe (*O mundo se despedaça*, *A flecha de Deus*), Amos Tutuola (*O bebedor de vinho de palma e seu finado fazedor de vinho na Cidade dos Mortos; My life in the bush of ghosts*) e Gabriel Okara (*The voice*) eram frequentemente considerados os três modelos alternativos. O quão longe estávamos dispostos a chegar na nossa missão de enriquecer as línguas estrangeiras injetando o "sangue negro" senghoriano nas suas juntas enferrujadas é algo mais bem exemplificado por Okara em um artigo reimpresso na Transition:

> Como um autor que acredita na utilização de ideias africanas, da filosofia africana e do folclore e imaginário africano o máximo possível, sou da opinião de que a única forma de utilizá-las é traduzindo-as quase literalmente da língua africana nativa do autor para qualquer língua europeia que ele está usando como veículo de expressão. Me esforcei, nas minhas palavras, para mantê-las o mais próximo possível das expressões vernaculares. Pois, de uma palavra, um grupo de palavras, uma frase ou mesmo um nome em qualquer língua africana, pode-se entender normas sociais, atitudes e valores de um povo. Para capturar as vívidas imagens da fala africana, tive que evitar o hábito de expressar meus pensamentos primeiramente em inglês. Foi difícil no começo, mas eu precisava aprender. Tive que estudar cada expressão da língua ijó que utilizei e descobrir a provável situação em que ela foi utilizada para encontrar o significado mais próximo em inglês. Achei isso um exercício fascinante[7].

Por que, poderíamos nos perguntar, um autor africano, ou qualquer autor, deveria ficar tão obcecado em tomar algo da sua língua materna para enriquecer outras línguas? Por que ele deveria encarar isso como sua missão particular? Nunca nos perguntamos: como enriquecer as nossas línguas? Como nos "alimentar" da rica herança humanista e democrática nas lutas de outros povos, em outros tempos e em outros lugares, para enriquecer as nossas? Por que não ter Balzac, Tolstói, Sholokhov, Brecht, Lu Hsun, Pablo

Neruda, H. C. Anderson, Kim Chi Ha, Marx, Lenin, Albert Einstein, Galileu, Ésquilo, Aristóteles e Platão em línguas africanas? E por que não criar monumentos literários nas nossas próprias línguas? Por que, em outras palavras, Okara não deveria se esforçar para criar em ijó, que ele reconhece ter profunda filosofia e uma ampla gama de ideias e experiências? Qual era a nossa responsabilidade nas lutas dos povos da África? Não, essas perguntas não foram feitas. O que parecia nos preocupar mais era isso: depois de todos os malabarismos literários sobre se alimentar das nossas línguas para dar vida e vigor ao inglês e a outras línguas estrangeiras, o resultado seria aceito como bom inglês ou bom francês? O dono da língua criticaria nosso uso? Aqui éramos mais firmes quanto aos nossos direitos! Chinua Achebe escreveu: "Eu sinto que a língua inglesa será capaz de carregar o peso da minha experiência africana. Porém, terá que ser um novo inglês, ainda em plena comunhão com sua terra ancestral mas modificado para se adaptar a novos ambientes africanos"[8].

A posição de Gabriel Okara nisso era representativa da nossa geração:

> Alguns poderão considerar esta nova forma de escrever o inglês uma profanação da língua. Isso, é claro, não é verdade. Línguas vivas crescem como seres vivos, e o inglês está longe de ser uma língua morta. Há variedades estadunidenses, caribenhas, australianas, canadenses e neozelandesas do inglês. Todas elas dão vida e vigor à língua, ao mesmo tempo que refletem suas respectivas culturas. Por que não deveria existir um inglês nigeriano ou africano ocidental que podemos utilizar para expressar nossas ideias, nossos pensamentos e nossa filosofia de maneira própria?[9]

Como foi que chegamos a essa aceitação da "lógica fatalista da inexpugnável posição do inglês na nossa literatura", nossa cultura e nossa política? Qual era a rota da Berlim de 1884, passando pela Makerere de 1962, para o que ainda é a lógica prevalente e dominante cem anos depois? Como foi que nós, como autores africanos, nos tornamos tão frouxos em relação às reivindicações das nossas línguas sobre nós mesmos e tão agressivos nas nossas reivindicações sobre outras línguas, em especial as línguas da nossa colonização?

A Berlim de 1884 foi efetivada através da espada e da bala. A noite da espada e da bala, porém, foi seguida pela manhã do giz e do quadro-negro. A violência física do campo de batalha foi seguida pela violência psicológica da sala de aula. Mas onde o primeiro foi visivelmente brutal, o segundo foi visivelmente gentil, um processo mais bem descrito no romance de Cheikh Hamidou Kane, *Ambiguous adventure*, no qual o autor fala sobre os métodos da fase colonial do imperialismo como consistindo em saber como matar eficientemente e curar com a mesma arte.

No continente negro, começou-se a entender que seu poder real não residia de forma alguma nos canhões da primeira manhã, mas no que se sucedeu aos canhões. Assim, atrás dos canhões veio a nova escola. A nova escola tinha tanto a natureza do canhão como a do ímã. Do canhão, ela tomou a eficiência de uma arma de guerra. Mas, superior ao canhão, tornou a conquista permanente. O canhão violenta o corpo e a escola fascina a alma[10].

Ao meu ver, a língua foi o veículo mais importante através do qual o poder exerceu seu fascínio e manteve a alma prisioneira. A bala foi o meio de subjugação física. A língua foi o meio de subjugação espiritual. Me permita ilustrar isso remetendo às experiências da minha própria educação, particularmente na língua e na literatura.

■■■

Nasci numa grande família camponesa: pai, quatro esposas e cerca de vinte e oito filhos. Eu também pertencia, como todos naquela época, a uma família extensa mais ampla e à comunidade como um todo.

Falávamos gĩkũyũ quando trabalhávamos no campo. Falávamos gĩkũyũ dentro e fora de casa. Me lembro nitidamente daquelas noites de histórias contadas ao redor da fogueira. Eram principalmente os adultos que contavam às crianças, mas todos ficavam envolvidos e interessados. Nós, as crianças, recontávamos as histórias, no dia seguinte, para outras crianças que trabalhavam nos campos colhendo flores de piretro, folhas de chá ou feijões para os nossos patrões europeus e africanos.

As histórias, na sua maioria com animais como personagens principais, eram todas narradas em gĩkũyũ. A lebre, sendo pequena, frágil, mas repleta de uma inovadora perspicácia e esperteza, era nossa heroína. Nos identificávamos com ela na sua luta contra predadores brutos como o leão, o leopardo e a hiena. As vitórias dela eram as nossas vitórias e aprendemos que aqueles aparentemente fracos podiam ser mais espertos que os fortes. Acompanhávamos os animais na sua luta contra a natureza hostil — a seca, a chuva, o sol e o vento —, um confronto que frequentemente os forçava a buscar formas de cooperação. Mas também tínhamos interesse nas suas lutas entre si e particularmente entre as feras e as presas. Essas lutas paralelas, contra a natureza e outros animais, refletiam as lutas da vida real no mundo dos humanos.

Não que ignorássemos histórias com seres humanos como personagens principais. Havia dois tipos de personagens nessas narrativas centradas no ser humano: a espécie de seres verdadeiramente humanos, com atributos de coragem, gentileza, misericórdia, aversão à maldade, consideração com os outros; e um homem que devorava homens, uma espécie de duas bocas, com atributos de ganância, egoísmo, individualismo e aversão pelo que era bom para a grande comunidade cooperativa. A cooperação como o maior bem numa comunidade era um tema constante. Ela podia unir os seres humanos e os animais contra ogros e feras, como na história de como o pombo, depois de ser alimentado com sementes de mamona, fora enviado para buscar um ferreiro que trabalhava longe de casa, cuja esposa grávida estava sendo ameaçada por esses ogros que devoravam homens e tinham duas bocas.

Havia bons e maus contadores de histórias. Os bons podiam contar a mesma história várias vezes que ela sempre seria como nova para nós, os ouvintes. Ele ou ela podiam contar uma história que fora contada por outra pessoa e torná-la mais viva e dramática. As diferenças na verdade estavam no uso de palavras e imagens e na inflexão das vozes para conseguir diferentes tons.

Nós, portanto, aprendemos a valorizar as palavras pelos seus sentidos e nuances. A linguagem não era uma mera sequência de palavras. Tinha um poder sugestivo que ia muito além do sentido imediato e lexical. Nosso apreço pelo poder mágico sugestivo da linguagem era reforçado pelos jogos que fazíamos com as palavras através de charadas, provérbios, transposições de sílabas, ou através de palavras sem sentido, mas musicalmente organizadas[11]. Assim, aprendíamos a música da nossa língua junto ao conteúdo. A linguagem, através de imagens e símbolos, nos deu uma visão do mundo, mas tinha uma beleza própria. A casa e o campo eram então a nossa pré-escola, mas o que é importante para esta discussão é que a língua das nossas lições noturnas, a língua da nossa comunidade imediata e mais extensa e a língua do nosso trabalho no campo eram uma só.

Então fui para a escola, uma escola colonial, e essa harmonia se rompeu. A língua da minha educação não era mais a língua da minha cultura. Fui primeiro para Kamaandura, dirigida por missionários, e depois para uma outra, chamada Maanguuũ, dirigida por nacionalistas de um grupo ligado à Associação de Escolas Independentes Gĩkũyũ e de Karinga. Nossa língua de educação ainda era gĩkũyũ. A primeira vez que fui ovacionado pela minha escrita foi por uma composição em gĩkũyũ. Assim, nos meus primeiros quatro anos ali, ainda houve harmonia entre a língua da minha educação formal e a língua da comunidade camponesa de Limuru.

Foi depois da declaração do estado de emergência no Quênia, em 1952, que todas as escolas dirigidas por nacionalistas patriotas foram tomadas pelo regime colonial e colocadas sob a jurisprudência dos conselhos de educação do distrito, presididos por ingleses. O inglês se tornou o idioma da minha educação formal. No Quênia, o inglês se tornou mais do que uma língua: era *a* língua, e todas as outras tinham de se curvar perante ela em respeito.

Por isso, uma das experiências mais humilhantes era ser pego falando gĩkũyũ nas proximidades da escola. Ao culpado davam castigo corporal — três a cinco chibatadas nas suas nádegas descobertas — ou faziam ele carregar uma placa de metal em volta do pescoço com dizeres do tipo EU SOU IDIOTA OU EU SOU UM BURRO. Às vezes, os culpados eram multados em quantias de dinheiro que mal podiam pagar. E como os professores pegavam os culpados? Um botão era dado a cada aluno, que deveria entregá-lo caso fosse pego falando a sua língua materna. Quem tivesse o botão ao final do dia alcaguetava quem havia entregue o botão, e o processo se seguia, revelando todos os culpados do dia. Logo, as crianças eram transformadas em caçadoras de bruxas e, nesse processo, eram ensinadas o valor lucrativo de ser um traidor da sua comunidade imediata.

A atitude em relação ao inglês era exatamente a oposta: qualquer conquista em inglês falado ou escrito era amplamente recompensada: prêmios, prestígio, aplausos; o ingresso para mundos superiores. O inglês se tornou a medida de inteligência e aptidão nas artes, nas ciências e em todos os outros ramos de aprendizagem. O inglês se tornou *o principal* determinante do progresso de uma criança na escalada da educação formal.

Como se sabe, o sistema colonial de ensino, juntamente à sua demarcação racial do apartheid, tinha a estrutura de uma pirâmide: uma ampla base de ensino primário, um meio secundário mais estreito e um ápice universitário ainda mais estreito. As seleções do primário rumo ao secundário eram por meio de um exame que, na minha época, era chamado de Exame Preliminar Africano do Quênia, no qual era preciso passar em seis matérias, que iam de matemática a estudo da natureza e kiswahili. Todas as provas eram escritas em inglês. Ninguém poderia passar no exame se fosse reprovado em inglês, não importa o quão brilhante fosse seu desempenho nas outras matérias. Me lembro de um rapaz da minha classe de 1954 que tinha condecorações em todas as matérias, exceto inglês, na qual havia sido reprovado. Fizeram com que ele fosse reprovado em todo o exame. Viria a ser cobrador numa empresa de ônibus. Eu, que tinha apenas a média para passar, mas um crédito em inglês, ganhei uma vaga na Alliance High School, uma das instituições mais elitistas para africanos no Quênia colonial. Os requisitos para uma vaga na Makerere University College eram basicamente os mesmos: ninguém poderia usar a toga vermelha dos graduandos, não importa o quão brilhante houvesse sido seu desempenho em todas as outras matérias, a menos que tivesse um crédito — não era nem sequer uma aprovação simples! — em inglês. Portanto, o lugar mais cobiçado na pirâmide e no sistema estava disponível apenas para o titular de um cartão de crédito da língua inglesa. O inglês era o veículo oficial e a fórmula mágica para a elite colonial.

A educação literária era agora determinada pela língua dominante, ao mesmo tempo que reforçava essa dominação. A oratura (a literatura oral) em línguas quenianas parou. Na escola primária, eu lia agora Dickens e Stevenson simplificados, junto com Rider Haggard. Jim Hawkins, Oliver Twist, Tom Brown — não a Lebre, o Leopardo e o Leão — eram agora meus companheiros diários no mundo da imaginação. Na escola secundária, Scott e G. B. Shaw rivalizavam com mais Rider Haggard, John Buchan, Alan Paton e o Capitão W. E. Johns. Em Makerere, eu lia em inglês: de Chaucer a T. S. Eliot, com um toque de Graham Greene.

Assim, a língua e a literatura estavam nos levando cada vez mais longe de nós mesmos para nos levar a outras pessoas, mais longe do nosso mundo para nos levar a outros mundos.

O que o sistema colonial estava fazendo conosco, crianças quenianas? Quais eram as consequências, de um lado, dessa supressão sistemática das nossas línguas e da literatura que elas carregavam e, do outro, da elevação da língua inglesa e da literatura que ela carregava? Para responder essas questões, permitam-me primeiro examinar a relação da linguagem com a experiência humana, a cultura humana e a percepção humana da realidade.

# IV

A linguagem, qualquer linguagem, tem caráter dualístico: é tanto um meio de comunicação quanto um veículo de cultura. Considere o inglês. É falado na Grã-Bretanha, na Suécia e na Dinamarca. Para suecos e dinamarqueses, o inglês é apenas um meio de comunicação com não escandinavos. Não é um veículo das suas culturas. Mas, para os britânicos, e particularmente para os ingleses, ele é adicional e inseparável do seu uso como uma ferramenta de comunicação, um veículo de sua cultura e sua história. Ou considere o suaíli, na África Oriental e Central. Ele é amplamente utilizado como um meio de comunicação entre várias nacionalidades, mas não é o veículo da cultura e história de muitas dessas nacionalidades. No entanto, em partes do Quênia e da Tanzânia, e especialmente em Zanzibar, o suaíli é inseparavelmente um meio de comunicação e um veículo da cultura das pessoas de quem é a língua materna.

A linguagem como comunicação tem três aspectos ou elementos. Há, primeiramente, o que Karl Marx chamou, certa vez, de linguagem da vida real[12], o elemento básico para toda a noção de linguagem, suas origens e seu desenvolvimento; isto é, as relações que as pessoas desenvolvem umas com as outras no processo do trabalho, as ligações que estabelecem entre si na condição de um povo, uma comunidade de seres humanos, produzindo riqueza ou meios de subsistência, como comida, roupas e casas. Uma comunidade humana começa sua existência histórica como uma comunidade de cooperação na produção através da divisão de trabalho; a mais simples é entre homem, mulher e filho numa casa; as divisões mais complexas são entre ramos de produção, como entre aqueles que são apenas caçadores, apenas coletores de frutas ou apenas ferreiros. Então há as divisões mais complexas de todas, como nas fábricas modernas, onde um único produto — por exemplo, uma camisa ou um sapato — é o resultado de muitas mãos e mentes. Produção é cooperação, é comunicação, é linguagem, é expressão de uma relação entre seres humanos e é, especificamente, humana.

O segundo aspecto da linguagem como comunicação é a fala, que imita a linguagem da vida real, ou seja, a comunicação em produção. A sinalização verbal reflete e auxilia na comunicação ou nas relações estabelecidas entre seres humanos na produção dos seus meios de subsistência. A linguagem como um sistema de sinalização verbal torna essa produção possível. A palavra falada está para as relações entre os seres humanos como a mão está para a relação entre os seres humanos e a natureza. A mão, através de ferramentas, é a mediadora dos seres humanos com a natureza e forma a linguagem da vida real; palavras faladas são mediadoras entre seres humanos e formam a linguagem da fala.

O terceiro aspecto são os sinais escritos. A palavra escrita imita a falada. Enquanto os primeiros dois aspectos da linguagem como comunicação por meio da mão e da fala historicamente evoluíram mais ou menos simultaneamente, o aspecto escrito é um desenvolvimento histórico muito posterior. A escrita é uma representação de sons com símbolos visuais, do mais simples nó numa corda entre pastores para indicar o número num rebanho ou os hieróglifos entre os cantores e poetas Agĩkũyũ gicaandi do Quênia aos mais complicados e diferentes sistemas atuais de escrita com letras e imagens do mundo.

Na maioria das sociedades, a língua escrita e a língua falada são a mesma, no sentido de que representam uma à outra: o que está no papel pode ser lido para outra pessoa e ser recebido como aquela língua que o receptor cresceu falando. Em tal sociedade, há ampla harmonia, para uma criança, entre os três aspectos da linguagem enquanto comunicação. Sua interação com a natureza e com outros homens é expressa em símbolos ou signos escritos e falados, que são tanto o resultado dessa dupla interação quanto uma reflexão dela. A associação da sensibilidade da criança é com a língua da sua experiência de vida.

Mas há mais nisso: a comunicação entre seres humanos também é a base e o processo de uma cultura em evolução. Ao fazer certas coisas e ações semelhantes repetidas vezes em circunstâncias similares — similares até na sua mutabilidade —, surgem padrões, movimentos, ritmos, hábitos, atitudes, experiências e conhecimentos. Essas experiências são passadas para a próxima geração e se tornam a base adquirida para suas futuras ações na natureza e em si próprios. Há uma acumulação gradual de valores que, com o tempo, se tornam verdades quase autoevidentes que ditam a sua concepção do que é certo e errado, bom e mau, belo e feio, corajoso e covarde, generoso e mesquinho nas suas relações internas e externas. Com o tempo, isso se torna um modo de vida distinto de outros modos de vida. Eles desenvolvem uma cultura e uma história distintas. A cultura incorpora esses valores morais, éticos e estéticos, um conjunto de lentes espirituais pelas quais as pessoas enxergam elas mesmas e seu lugar no universo. Os valores são a base da identidade de um povo, do seu senso de particularidade como membros da raça humana. Tudo isso é veiculado pela língua. A língua enquanto cultura é o banco de memória coletiva da experiência de um povo na história. A cultura é quase indistinguível da língua que possibilita sua gênese, seu crescimento, seu armazenamento, sua articulação e, de fato, sua transmissão de uma geração para a outra.

A língua enquanto cultura também tem três aspectos importantes. A cultura é um produto da história que, por sua vez, a reflete. A cultura, em outras palavras, é um produto e uma reflexão dos seres humanos comunicando-se entre si na própria luta para criar riqueza e controlá-la. Mas a cultura não somente reflete essa história, ou melhor, ela faz isso formando imagens e retratos do mundo da natureza e da criação. Portanto, o segundo aspecto da língua enquanto cultura é a de ser um agente de formação de imagens na mente de uma criança. Toda nossa concepção de nós mesmos como povo, individual e coletivamente, é baseada nesses retratos e imagens — que podem ou não corresponder corretamente à realidade factual das lutas com a natureza e criação, as quais a produziram em primeiro lugar. Mas nossa capacidade de enfrentar o mundo criativamente depende de como essas imagens correspondem ou não a essa realidade, de como elas distorcem ou esclarecem a realidade das nossas lutas. A língua enquanto cultura é, assim, uma mediação entre eu e a minha personalidade; entre a minha personalidade e a personalidade dos outros; entre eu e a natureza. A língua está mediando no meu próprio ser. E isso nos leva ao terceiro aspecto da língua enquanto cultura. A cultura transmite ou imprime essas imagens do mundo e da realidade através da língua falada e escrita, ou seja, por meio de uma língua específica. Em outras palavras, a capacidade de falar, a capacidade de organizar os sons de uma maneira que possibilita a compreensão mútua entre seres humanos, é universal. Essa é a universalidade da língua, uma aptidão específica aos seres humanos. Ela corresponde à universalidade da luta contra a natureza e entre os seres humanos. Mas a particularidade dos sons, das palavras, da ordenação das palavras em frases e orações, e a maneira — ou as regras — específica do seu ordenamento é o que distingue uma língua da outra. Portanto, uma cultura específica não é transmitida através da língua na sua universalidade, mas na sua particularidade como a língua de uma comunidade específica com uma história específica. A literatura escrita e oral são os meios principais pelos quais uma língua transmite as imagens do mundo contidas na cultura que ela veicula.

A língua enquanto comunicação e enquanto cultura são, assim, produtos uma da outra. A comunicação cria a cultura; a cultura é um meio de comunicação. A língua veicula a cultura, e a cultura veicula, particularmente por meio da oratura e da literatura, todo o corpo de valores pelos quais percebemos nós mesmos e nosso lugar no mundo. A forma como as pessoas se percebem afeta a forma como elas veem a sua cultura, sua política e a produção social de riqueza, toda sua relação com a natureza e com outros seres. A língua é, assim, inseparável de nós mesmos como uma comunidade de seres humanos com uma forma e um caráter específicos, uma história específica, uma relação específica com o mundo.

▼

Então o que a imposição colonialista de uma língua estrangeira fazia a nós, crianças?

O objetivo real do colonialismo era controlar a riqueza das pessoas: o que produziam, como produziam e como tudo era distribuído — para controlar, em outras palavras, todo o universo da linguagem da vida real. O colonialismo impôs seu controle da produção social de riqueza através da conquista militar e da subsequente ditadura política. Mas sua área mais importante de domínio foi o universo mental dos colonizados — o controle, através da cultura, de como as pessoas viam elas próprias e a sua relação com o mundo. O controle econômico e político jamais poderá ser efetivo sem o controle mental. Controlar a cultura de um povo é controlar suas ferramentas de autodefinição em relação aos outros.

Para o colonialismo, isso envolveu dois aspectos do mesmo processo: a destruição ou a subvalorização deliberada da cultura de um povo — arte, danças, religiões, história, geografia, educação, literatura oral e escrita — e a consciente valorização da língua do colonizador. A dominação da língua de um povo pelas línguas das nações colonizadoras foi crucial para a dominação do universo mental do colonizado.

Tomemos a língua enquanto comunicação. A imposição de uma língua estrangeira — e a supressão das línguas nativas na fala e na escrita — já estavam rompendo a harmonia que existia entre a criança africana e os três aspectos da língua. Uma vez que a nova língua como meio de comunicação era um produto de e refletia a "verdadeira língua da vida" de outro lugar, ela jamais poderia, na fala ou na escrita, refletir ou imitar adequadamente a vida real daquela comunidade. Isso pode explicar, em parte, por que a tecnologia sempre nos parece levemente exterior, um produto *deles*, e não *nosso*. A palavra "míssil", por exemplo, costumava ter uma sonoridade exótica e distante até eu aprender, recentemente, o seu equivalente em gĩkũyũ, *ngurukuhĩ*, o que me fez compreendê-la de forma diferente. Aprender, para uma criança das colônias, se tornou uma atividade cerebral, e não uma experiência sentida emocionalmente.

Mas como as línguas novas e impostas nunca conseguiram quebrar completamente as línguas nativas na fala, sua área de domínio mais efetiva foi o terceiro aspecto da língua enquanto comunicação, o escrito. A língua da educação formal de uma criança africana era estrangeira. A língua dos livros que ela lia era estrangeira. A língua da sua conceituação era estrangeira. O pensamento, nessa criança, assumia a forma visível de uma língua estrangeira. Assim, a língua escrita do desenvolvimento dela na escola (e mesmo sua língua falada no recinto escolar) se divorciou da sua língua falada em casa. Frequentemente, não havia a menor relação entre o mundo escrito da criança — que também era a língua da sua educação escolar — e o mundo do seu ambiente imediato na família e na comunidade. Para uma criança colonial, a harmonia existente entre os três aspectos da língua enquanto comunicação foi irrevogavelmente quebrada. Isso resultou na dissociação da sensibilidade daquela criança do seu ambiente natural e social, o que podemos chamar de alienação colonial. A alienação foi reforçada no ensino de história, geografia e música, no qual a Europa burguesa era sempre o centro do universo.

Essa dissociação, divórcio ou alienação do ambiente imediato se torna mais clara quando olhamos para a língua colonial como um veículo de cultura.

Como a cultura é um produto da história de um povo que, por sua vez, a reflete, a criança agora estava sendo exposta exclusivamente a uma cultura que era um produto de um mundo estrangeiro a ela. Ela era forçada a sair de si para olhar para si. *Catching them young* é o título de um livro sobre racismo, classe, sexo e política na literatura infantil escrito por Bob Dixon. A ideia do título, "pegá-las enquanto são novas", era um objetivo ainda mais real em se tratando de uma criança colonial. As imagens deste mundo e do seu lugar nele, implantadas numa criança, levam anos para serem erradicadas, se é que um dia serão.

Como a cultura não apenas reflete o mundo em imagens, mas, na verdade, através dessas mesmas imagens, condiciona a criança a ver o mundo de certa maneira, a criança colonial foi obrigada a ver o mundo e o lugar que ela ocupa nele como visto e definido ou refletido pela cultura da língua da imposição.

E como essas imagens são, na maioria das vezes, passadas por meio da literatura oral e escrita, isso significa que a criança agora verá o mundo como observado na literatura da sua língua adotiva. Do ponto de vista da alienação, ou seja, de ver a si mesmo de fora, como se fosse outra pessoa, não interessa se a literatura importada tinha a grande tradição humanista do melhor de Shakespeare, Goethe, Balzac, Tolstói, Gorki, Brecht, Sholokhov, Dickens. A localização desse grande espelho de imaginação era necessariamente a Europa e sua história e cultura, e o resto do universo era visto a partir desse centro.

Mas obviamente foi pior quando a criança colonial foi exposta a imagens do seu mundo espelhado na linguagem escrita do colonizador. Enquanto suas próprias línguas nativas foram associadas, na sua mente impressionável, com baixo status, humilhação, castigo corporal, lentidão de raciocínio e aptidões ou apenas estupidez, ininteligibilidade e barbárie, isso foi reforçado pelo mundo que ela encontrou nas obras de gênios do racismo como Rider Haggard ou Nicholas Monsarrat; sem falar no pronunciamento de alguns dos gigantes do estabelecimento político e intelectual do Ocidente, como Hume ("o negro é naturalmente inferior aos brancos")[13], Thomas Jefferson ("os negros [...] são inferiores aos brancos nos dotes tanto do corpo como da mente")[14], ou Hegel, com sua África comparável a uma terra de infância ainda envolta no manto negro da noite, no que diz respeito ao desenvolvimento de uma história autoconsciente. A afirmação de Hegel de que não havia nada de harmonioso na humanidade a ser encontrado no caráter africano é representativa das imagens racistas dos africanos e da África que tal criança colonial estava fadada a encontrar na literatura e nas línguas coloniais[15]. Os resultados poderiam ser desastrosos.

No seu trabalho apresentado na conferência sobre o ensino de literatura africana nas escolas realizada em Nairóbi, em 1973, intitulado *Written literature and black image*[16], a autora queniana e professora acadêmica Mĩcere Mũgo relatou como uma leitura da descrição de Gagool como uma velha mulher africana em *As minas do Rei Salomão*, de Rider Haggard, a fez, por um longo tempo, sentir um pavor mortal sempre que encontrava velhas mulheres africanas. Na sua autobiografia, *This life*, Sidney Poitier descreve como, devido à literatura que tinha lido, passou a associar a África com cobras. Então, ao chegar na África e se hospedar num hotel moderno, numa cidade moderna, não conseguiu dormir, pois procurava por cobras em todos os lugares, até mesmo debaixo da cama. Essas duas pessoas foram capazes de apontar a origem dos seus medos. Porém, para muitos outros, a imagem negativa se torna internalizada e afeta suas escolhas culturais e até mesmo políticas na vida cotidiana.

Por isso, Léopold Sédar Senghor disse muito claramente que, embora a língua colonial houvesse sido forçada sobre ele, ainda teria optado pelo francês se tivesse escolha. Ele assume tons líricos na sua subserviência ao francês:

> Nós nos expressamos em francês, já que o francês tem uma vocação universal e já que a nossa mensagem também é direcionada aos franceses e a outros. Nas nossas línguas [isto é, línguas africanas] o resplendor que envolve as palavras é, por natureza, meramente o da seiva e do sangue; as palavras francesas emitem milhares de raios, como diamantes[17].

Senghor agora foi recompensado, ao ser ungido com uma honrada vaga na Academia Francesa — a instituição para salvaguardar a pureza da língua francesa.

No Maláui, Hastings Kamuzu Banda ergueu um monumento próprio por meio de uma instituição, a Kamuzu Academy, criada para auxiliar os estudantes mais brilhantes do Maláui no seu domínio do inglês.

> É uma escola criada para produzir meninos e meninas que serão enviados para universidades, como Harvard, Chicago, Oxford, Cambridge e Edimburgo, e serão capazes de competir em pé de igualdade com outros, de outros lugares. O presidente instruiu que o latim deve ocupar um lugar central no currículo. Todos os professores devem ter pelo menos um pouco de latim no seu histórico acadêmico. Dr. Banda disse, diversas vezes, que nenhuma pessoa pode dominar plenamente o inglês sem conhecimento de línguas como latim e francês (...)[18].

Para completar, a nenhum malauiano é permitido lecionar na academia — ninguém é bom o bastante — e todo o corpo docente foi recrutado na Grã-Bretanha. Um malauiano poderia reduzir os padrões ou então a pureza da língua inglesa. É possível encontrar um exemplo mais revelador de ódio ao que é nacional e de adoração servil ao que é estrangeiro, mesmo que esteja morto?

Nos livros de história e comentários populares sobre a África, se falou demais das supostas diferenças nas políticas das várias potências coloniais, do governo indireto dos britânicos (ou do pragmatismo dos britânicos na sua carência de um programa cultural!) e do programa consciente de assimilação cultural dos franceses e portugueses. Isso é uma questão de detalhe e ênfase. O efeito final foi o mesmo: a adoção da língua francesa por Senghor como essa língua com vocação universal não é tão diferente da gratidão de Chinua Achebe ao inglês em 1964 — "aqueles de nós que herdaram a língua inglesa podem não estar em posição de apreciar o valor dessa herança"[19]. As suposições por trás da prática daqueles de nós que abandonaram nossas línguas maternas e adotaram as europeias como veículos criativos da nossa imaginação tampouco são diferentes.

Portanto, a conferência de 1962 dos autores africanos de expressão inglesa estava apenas reconhecendo, com aprovação e orgulho, é claro, o que já havíamos sido levados a aceitar durante todos aqueles anos de educação seletiva e tutela rigorosa: a "lógica fatalista da inexpugnável posição do inglês na nossa literatura". Essa lógica estava profundamente incorporada no imperialismo, e foi o imperialismo e seus efeitos que deixamos de examinar em Makerere. É o triunfo final de um sistema de dominação quando os dominados passam a aclamar as virtudes desse sistema.

# VI

Os vinte anos que se sucederam à conferência de Makerere deram ao mundo uma literatura única — romances, histórias, poemas, peças escritas por africanos em línguas europeias —, que logo se consolidou como uma tradição com almanaques de estudo e uma indústria acadêmica.

Desde a sua concepção, ela foi a literatura da pequena burguesia nascida das escolas coloniais e universidades. Não poderia ser diferente, considerando o meio linguístico da sua mensagem. Sua ascensão e seu desenvolvimento refletiram a gradual adesão dessa classe ao domínio político e até mesmo econômico. Mas a pequena burguesia na África era uma classe grande e com diferentes correntes. Ela ia da parte que aguardava uma aliança permanente com o imperialismo, na qual ela fazia o papel de intermediária entre a burguesia da metrópole ocidental e o povo das colônias — a parte que, no meu livro *Detained: a writer's prison diary*, descrevi como a burguesia compradora —, à parte que via o futuro de acordo com uma vigorosa e independente economia nacional dentro do capitalismo africano ou de alguma forma de socialismo, o que chamarei aqui de burguesia nacionalista ou patriótica. Essa literatura feita por africanos em línguas europeias foi especificamente aquela da burguesia nacionalista, desde seus criadores, suas preocupações temáticas e seu consumo[20].

Internacionalmente, a literatura ajudou essa classe que, na política, nos negócios e na educação, passava a assumir a liderança dos países que recém haviam emergido do colonialismo (ou daqueles que lutavam para emergir) para explicar a África ao mundo: a África tinha um passado e uma cultura de dignidade e complexidade humana.

Internamente, a literatura deu a essa classe uma tradição coesa e um referencial literário comum que lhe faltava, com suas incômodas raízes na cultura do campesinato e na cultura da burguesia metropolitana. Essa literatura deu confiança a essa classe: a pequena burguesia agora tinha um passado, uma cultura e uma literatura para enfrentar a intolerância racista da Europa. Essa confiança — expressa no tom da escrita, na sua afiada crítica da civilização burguesa europeia, nas suas implicações, particularmente no molde da negritude, de que a África tinha algo novo para dar ao mundo — reflete a ascensão política da parte patriótica nacionalista da pequena burguesia antes e imediatamente após a independência.

Assim, inicialmente essa literatura — no mundo pós-guerra de libertação nacional democrática, revolucionária e anticolonial na China e na Índia, de revoltas armadas no Quênia e na Argélia, da independência de Gana e Nigéria com outras por vir — era parte daquela grande agitação anticolonial e anti-imperialista na Ásia, na África, na América Latina e no Caribe. Ela era inspirada pelo despertar político geral — recebeu o fôlego e até mesmo a forma do campesinato: provérbios, fábulas, histórias, charadas e frases de sabedoria. O otimismo era total. No entanto, mais tarde, quando a parte compradora ganhou ascensão política e fortaleceu, ao invés de enfraquecer, seus laços econômicos com o imperialismo — no que era claramente um arranjo neocolonial —, essa literatura se tornou cada vez mais crítica, cínica, desiludida, amarga e denunciativa no seu tom. Era quase unânime no seu retrato — com variados graus de detalhamento, ênfase e clareza de visão — a traição da esperança pós-independência. Mas a quem ela direcionava sua lista de erros, crimes e injustiças cometidos, reclamações não atendidas ou seu chamado por uma mudança de direção moral? À burguesia imperialista? À pequena burguesia no poder? Aos militares, eles próprios parte essencial dessa classe? Ela buscou outro público, essencialmente o campesinato e a classe trabalhadora ou o que era geralmente concebido como o povo. A busca por um novo público e novas direções se refletia na procura por formas mais simples, na adoção de um tom mais direto e frequentemente num apelo direto à ação. Também se refletia no conteúdo. Em vez de ver a África como uma massa indiferenciada de negritude historicamente injustiçada, ela agora tentava alguma forma de análise de classe e avaliação das sociedades neocoloniais. Mas essa busca ainda estava dentro dos limites das línguas da Europa, cujo uso era agora defendido com menos vigor e confiança. Assim, sua procura foi prejudicada pela própria escolha da língua e, no seu movimento em direção ao povo, só poderia chegar naquela parte da pequena burguesia — estudantes, professores e profissionais de secretaria, por exemplo — ainda em contato próximo com o povo. Permaneceu ali, marcando passo, enjaulada no cercado linguístico da sua herança colonial.

Sua maior fraqueza ainda estava onde sempre estivera, no público — os leitores da pequena burguesia, automaticamente estabelecidos pela própria escolha da língua. Devido à sua posição econômica indeterminada entre as muitas classes em disputa, o pequeno-burguês desenvolve uma constituição psicológica vacilante. Como um camaleão, ele assume as cores da classe principal com quem tem mais próximo contato e maior simpatia. Ele poderá ser levado à atividade pelas massas em tempos de onda revolucionária; ou ser levado ao silêncio, ao medo, ao cinismo, a um afastamento para autocontemplação, à angústia existencial ou à colaboração com os poderes constituídos em tempos de ondas reacionárias. Na África, essa classe sempre oscilou entre a burguesia imperialista e seus elementos neocoloniais compradores no poder, de um lado, e o campesinato e a classe trabalhadora (as massas) de outro. Essa falta de identidade na sua constituição social e psicológica como classe se refletiu na própria literatura que ela produzia: a crise de identidade foi assumida nessa exata preocupação com uma definição na conferência de Makerere. Na literatura, assim como na política, ela falava como se sua identidade ou a crise da sua identidade fosse da sociedade como um todo. A literatura que ela produziu nas línguas europeias recebeu a identidade de literatura africana como se jamais tivesse havido literatura em línguas africanas. No entanto, ao evitar um enfrentamento real com a questão da língua, estava claramente usando vestes falsas de identidade: era uma pretendente ao trono de principal corrente da literatura africana. O praticante do que Janheinz Jahn chamou de literatura neoafricana tentou escapar do dilema ao insistir excessivamente que as línguas europeias eram, na verdade, línguas africanas ou ao tentar africanizar o uso do inglês ou do francês, enquanto garantia que ainda fosse reconhecido como inglês, francês ou português.

Nesse processo, essa literatura criou, falsamente e até absurdamente, um campesinato e uma classe trabalhadora na África que falava inglês (ou francês ou português), uma clara negação ou falsificação do processo histórico e da realidade. Esse campesinato e essa classe trabalhadora que falava línguas europeias, existente apenas nos romances e na dramaturgia, estava por vezes ocupada com a mentalidade vacilante, a autocontemplação evasiva, a angústia existencial da condição humana ou a duplicidade do homem dividido entre dois mundos da pequena burguesia.

Na verdade, se dependesse inteiramente dessa classe, as línguas africanas deixariam de existir — com independência!

# VII

Mas as línguas africanas se recusaram a morrer. Elas não iriam simplesmente seguir o caminho do latim e se tornar fósseis para a arqueologia linguística escavar, classificar e debater em conferências internacionais.

Essas línguas, esses patrimônios nacionais da África, se mantiveram vivas pelo campesinato. O campesinato não via contradição em falar a sua língua materna e pertencer a uma geografia nacional ou continental mais ampla. Ele não via nenhuma contradição antagonística necessária entre fazer parte da sua nacionalidade imediata, do seu estado multinacional dentro das fronteiras traçadas em Berlim e da África como um todo. Essas pessoas falavam contentemente uolofe, hauçá, iorubá, igbo, árabe, amárico, kiswahili, gĩkũyũ, luo, luia, xona, andebele, quimbundo, zulu ou lingala sem esse fato separar os estados multinacionais. Durante a luta anticolonial, elas mostraram uma capacidade ilimitada de se unir em torno de qualquer líder ou partido que articulasse mais consistentemente uma posição anti-imperialista. Pelo contrário: foi a pequena burguesia, particularmente os compradores, com seu inglês, francês e português, suas rivalidades mesquinhas, seu chauvinismo étnico, que incentivaram tais divisões verticais a ponto de estourar guerras certas vezes. Não, o campesinato não tinha complexos quanto às suas línguas e as culturas que elas veiculavam!

Na verdade, quando o campesinato e a classe trabalhadora foram obrigados, por necessidade ou história, a adotar a língua do dominador, africanizaram ela sem demonstrar o menor respeito à sua ancestralidade, como Senghor e Achebe demonstraram, tão inteiramente a ponto de terem criado novas línguas africanas, como o krio em Serra Leoa ou o pidgin na Nigéria, que devem suas identidades à sintaxe e aos ritmos das línguas africanas. Todas essas línguas foram mantidas vivas na fala cotidiana, nas cerimônias, nas lutas políticas, sobretudo no rico acervo da oratura — provérbios, histórias, poemas e charadas.

O campesinato e a classe trabalhadora urbana geravam cantores. Eles cantavam as canções antigas ou compunham novas, incorporando as novas experiências nas indústrias, na vida urbana e na luta e nas organizações da classe trabalhadora. Eles levavam a língua a novos limites, a renovavam e a revigoravam ao criar palavras e novas expressões e ao expandir no geral a sua capacidade de incorporar novos acontecimentos da África e do mundo.

O campesinato e a classe trabalhadora lançavam seus próprios escritores ou atraiam às suas fileiras e interesses os intelectuais da pequena burguesia, que escreviam todos em línguas africanas. São esses autores, como Heruy Wäldä-Sellassie, Germacäw Takla Hawaryat, Shaaban Robert, Abdilatif Abdalla, Ebrahim Hussein, Euphrase Kezilahabi, B. H. Vilakazi, Okot p'Bitek, A. C. Jordan, P. Mboya, D. O. Fagunwa, Mazisi Kunene e muitos outros, justamente celebrados na pesquisa pioneira de Albert Gérard intitulada *African language literatures*, de 1981, sobre as línguas africanas do século 20 até o presente que deram às nossas línguas uma literatura escrita. Portanto, a imortalidade das nossas línguas em forma impressa tem sido assegurada, apesar das pressões internas e externas pela sua extinção. No Quênia, gostaria de destacar Gakaara wa Wanjaũ, que foi preso pelos britânicos por dez anos, entre 1952 e 1962, por escrever em gĩkũyũ. Seu livro, *Mwandĩki wa Mau Mau Ithaamĩrioinĩ*, um diário que escreveu secretamente em prisão política, foi publicado pela Heinemann Kenya e ganhou, em 1984, o

Prêmio Noma. É uma obra poderosa, que amplia o alcance da prosa na língua gĩkũyũ, e é uma conquista máxima do trabalho iniciado em 1946. Ele trabalhou na pobreza, nas provações da cadeia, no isolamento pós-independência, quando a língua inglesa imperava nas escolas do Quênia do jardim de infância à universidade, e em cada passo do mundo nacional impresso, mas nunca perdeu a fé nas possibilidades das línguas nacionais do Quênia. Sua inspiração veio do movimento anticolonial de massa do povo queniano, particularmente a ala militante unida ao redor dos Mau Mau, o Exército da Terra e da Liberdade do Quênia, que introduziu a era da guerrilha moderna no Quênia em 1952. Ele é o exemplo mais claro daqueles escritores lançados pelos movimentos políticos de massa de um campesinato e de uma classe trabalhadora que haviam despertado.

E finalmente de dentro da pequena burguesia africana falante de inglês, surgiram alguns poucos que se recusaram a engrossar o coro daqueles que haviam aceitado a "lógica fatalista" da posição das línguas europeias na nossa existência literária. Foi um destes, Obi Wali, que puxou o tapete sob os pés literários daqueles que se reuniram em Makerere em 1962 ao declarar, num artigo publicado na edição de número dez da Transition, em setembro de 1963, "que toda essa aceitação acrítica do inglês e do francês como o meio inevitável da produção escrita africana é mal direcionada e não tem possibilidade de avançar a literatura e a cultura africana" e que, a menos que autores africanos aceitassem que qualquer literatura africana verdadeira precisava ser escrita em línguas africanas, estavam rumando para um beco sem saída.

O que gostaríamos que as futuras conferências sobre literatura africana se dedicassem é sobre o problema extremamente importante da escrita africana em línguas africanas e todas as suas implicações para o desenvolvimento de uma sensibilidade verdadeiramente africana.

Obi Wali teve os seus predecessores. Na verdade, pessoas como David Diop, do Senegal, tinham apresentado o argumento contra esse uso das línguas coloniais com ainda mais força.

O criador africano, privado do uso da sua língua e isolado do seu povo, pode se tornar apenas o representante de uma tendência literária (o que não necessariamente é gratuito) da nação conquistadora. Suas obras, tendo se tornado uma ilustração perfeita da política de assimilação por meio da imaginação e do estilo, irão sem a menor dúvida despertar calorosos aplausos de um certo grupo de críticos. Na verdade, esses elogios irão principalmente para o colonialismo que, quando não pode mais manter seus súditos sob a escravidão, os transforma em intelectuais dóceis moldados pelos padrões literários do Ocidente que, além disso, é uma outra e mais sutil forma de bastardização[21].

David Diop observou corretamente que o uso do inglês e do francês era uma questão de necessidade histórica temporária.

Certamente, numa África livre da opressão, não ocorrerá mais a autor nenhum expressar, a não ser na sua própria língua redescoberta, os seus sentimentos e os do seu povo[22].

A importância da intervenção de Obi Wali estava no tom e momento: foi publicada logo após a conferência de 1962, em Makerere, de autores africanos de expressão inglesa; foi polêmica e agressiva, ridicularizou e desdenhou a escolha pelo inglês e pelo francês, ao mesmo tempo que foi intransigente no seu chamado pelo uso das línguas africanas. Não surpreende ter sido recebida com hostilidade e depois com silêncio. Mas vinte anos de ininterrupto domínio da literatura em línguas europeias, a guinada reacionária que os eventos políticos e econômicos da África tomaram e a busca por uma ruptura revolucionária com o status quo neocolonial forçaram uma busca interior por parte dos autores, levantando mais uma vez toda a questão da língua da literatura africana.

# VIII

A questão é esta: nós, como autores africanos, sempre reclamamos do relacionamento neocolonial econômico e político com a Euro-América. Certo. Mas, ao continuar a escrever em línguas estrangeiras, prestando homenagem a elas, não estamos, no nível cultural, continuando esse espírito escravista e servil? Qual a diferença entre um político que diz que a África não pode sobreviver sem o imperialismo e um escritor que diz que a África não pode sobreviver sem as línguas europeias?

Enquanto nos ocupávamos em arengar nos círculos dominantes numa língua que automaticamente excluía a participação do campesinato e da classe trabalhadora no debate, a cultura imperialista e as forças reacionárias da África fizeram a festa: a bíblia cristã está disponível em quantidades ilimitadas mesmo na mais minúscula língua africana. Os círculos dominantes dos compradores também estão muito contentes em ter o campesinato e a classe trabalhadora inteiramente para si: distorções, éditos ditatoriais, decretos, fósseis de museu ostentados como cultura africana, ideologias feudais, superstições, mentiras, todos esses elementos atrasados e mais são comunicados às massas africanas nas suas próprias línguas, sem qualquer contestação daqueles com visões alternativas de futuro que deliberadamente se aninharam no inglês, no francês e no português. É irônico que o político africano mais reacionário, aquele que acredita em vender a África para a Europa, é geralmente um mestre das línguas africanas; que os missionários europeus mais zelosos, que acreditam em resgatar a África de si mesma, até mesmo do paganismo das suas línguas, eram, todavia, mestres em línguas africanas, as quais geralmente reduziam à escrita. O missionário europeu acreditava demais na sua missão de conquista para não a comunicar nas línguas mais facilmente acessíveis ao povo: o escritor africano acredita demais na "literatura africana" para escrevê-la nestas línguas étnicas, divisivas e subdesenvolvidas dos camponeses!

A ironia adicional é que o que eles têm produzido, apesar de qualquer alegação contrária, não é literatura africana. Os editores do *Pelican guide to English literature*, no seu último volume, estavam certos ao incluir uma discussão dessa literatura como parte da literatura de língua inglesa do século 20, da mesma forma como a Academia Francesa estava certa ao homenagear Senghor pela sua contribuição genuína e talentosa à literatura e língua francesa. O que criamos é outra tradição híbrida, uma tradição em transição, uma tradição de minoria que só pode ser definida como literatura afro-europeia; isto é, a literatura escrita por africanos em línguas europeias[23]. Ela produziu muitos autores e obras de talento genuíno: Chinua Achebe, Wole Soyinka, Ayi Kwei Armah, Sembene Ousmane, Agostinho Neto, Sédar Senghor e muitos outros. Quem pode negar o talento deles? A luz nos produtos das suas imaginações férteis certamente iluminou importantes aspectos do ente africano na sua contínua luta contra as consequências políticas e econômicas de Berlim e além. No entanto, não podemos ter as duas coisas! O trabalho deles pertence a uma tradição afro-europeia que provavelmente irá durar enquanto a África permanecer sob o domínio do capital europeu num arranjo neocolonial. Assim, a literatura afro-europeia pode ser definida como a literatura escrita por africanos em línguas europeias na era do imperialismo.

Mas alguns estão chegando à inescapável conclusão articulada por Obi Wali com vigor polêmico há vinte anos: a literatura africana só pode ser escrita em línguas africanas, ou seja, nas línguas do campesinato e da classe trabalhadora, a principal aliança de classes em cada uma das nossas nacionalidades e a agente da inevitável e vindoura ruptura revolucionária com o neocolonialismo.

# IX

Comecei a escrever na língua gĩkũyũ em 1977, depois de dezessete anos de envolvimento na literatura afro-europeia — no meu caso, literatura afro-inglesa. Foi quando colaborei com Ngũgĩ wa Mĩriĩ na elaboração da peça *Ngaahika Ndeenda* (a tradução seria *Eu me caso quando quiser*). Desde então, publiquei um romance em gĩkũyũ, *Caitaani*

*Mũtharabainĩ* (*O diabo na cruz*) e completei um musical, *Maitũ Njugĩra* (*Mãe, cante para mim*); três livros infantis, *Njamba Nene na Mbaathi i Mathagu, Bathitoora ya Njamba Nene* e *Njamba Nene na Cibũ Kĩng'ang'i*, assim como outro romance não publicado: *Matigari Ma Njirũũngi*. Onde quer que eu tenha ido, particularmente na Europa, tenho sido confrontado com a pergunta: por que você está escrevendo em gĩkũyũ agora? Por que você agora escreve numa língua africana? Em alguns círculos acadêmicos, fui confrontado com a reprimenda: "Por que você nos abandonou?". Era quase como se, ao optar por escrever em gĩkũyũ, estivesse fazendo algo anormal. Mas gĩkũyũ é minha língua materna! O próprio fato de que aquilo que o senso comum dita na atividade literária de outras culturas seja questionado em um escritor africano é uma medida do tanto que o imperialismo distorceu a visão das realidades africanas. Ele virou a realidade ao avesso: o anormal é visto como normal e o normal é visto como anormal. A África, na verdade, enriquece a Europa; mas a África é levada a crer que precisa da Europa para resgatá-la da pobreza. Os recursos naturais e humanos da África continuam a desenvolver a Europa e a América, mas a África é levada a sentir-se grata pela ajuda dos mesmos círculos que ainda estão sentados nas costas do continente. A África até mesmo produz intelectuais que agora racionalizam esse jeito de ver a África pelo avesso.

Creio que a minha escrita em gĩkũyũ, uma língua queniana, uma língua africana, é a essência das lutas anti-imperialistas dos povos quenianos e africanos. Nas escolas e universidades, as nossas línguas quenianas — isto é, as línguas das muitas nacionalidades que compõem o Quênia — eram associadas com atributos negativos de atraso, subdesenvolvimento, humilhação e castigo. Nós que passávamos por aquele sistema escolar estávamos destinados a nos formar com ódio do povo, da cultura e dos valores da língua de nossa humilhação e castigo diários. Não quero ver crianças quenianas crescerem nessa tradição imposta pelo imperialismo, essa tradição de desdém pelas ferramentas de comunicação desenvolvidas pelas suas comunidades e sua história. Quero que elas transcendam a alienação colonial.

A alienação colonial assume duas formas interligadas: um ativo (ou passivo) distanciamento de si mesmo da realidade ao seu redor; e uma ativa (ou passiva) identificação com o que é mais externo ao seu meio. Ela começa com a dissociação intencional da língua do pensamento, da conceituação, da educação formal e do desenvolvimento mental da língua da interação diária em casa e na comunidade. É como separar a mente do corpo, de tal modo que ocupem duas esferas linguísticas na mesma pessoa. Numa maior escala social, é como produzir uma sociedade de cabeças sem corpos e corpos sem cabeças.

Então, gostaria de contribuir para a restauração da harmonia entre todos os aspectos e as divisões da língua, para que a criança queniana seja retornada ao seu meio e o compreenda inteiramente a fim de mudá-lo para seu bem coletivo. Gostaria de ver as línguas maternas dos povos do Quênia (nossas línguas nacionais!) veicularem uma literatura que reflita não apenas os ritmos da expressão falada de uma criança, mas também a sua luta com a natureza e a sua natureza social. Com essa harmonia entre si, a sua língua e o seu meio como ponto de partida, ela pode aprender outras línguas e até mesmo apreciar os elementos humanistas, democráticos e revolucionários positivos nas literaturas e culturas de outros povos, sem ter quaisquer complexos com sua própria língua, sua própria personalidade, seu meio.

A língua nacional de todo o Quênia (isto é, kiswahili); as outras línguas nacionais (isto é, as línguas das nacionalidades como luo, gĩkũyũ, massai, luia, calenjim, camba, mijiquenda, somali, galla, turkana, árabe, etc.); outras línguas africanas como hauçá, uolofe, iorubá, igbo, zulu, nianja, lingala, quimbundo; e línguas estrangeiras — isto é, estrangeiras à África —, como inglês, francês, alemão, russo, mandarim, japonês, português, espanhol, se enquadrarão na sua própria perspectiva nas vidas das crianças quenianas.

Chinua Achebe certa vez denunciou a tendência dos intelectuais africanos de fugirem para o universalismo abstrato nas palavras que se aplicam ainda mais à questão da língua na literatura africana:

> A África teve um destino tal no mundo que o simples adjetivo "africano" pode evocar um medo hediondo de rejeição. É melhor cortar todos os laços com essa terra natal, essa deficiência, e se tornar, num único pulo gigante, o homem universal. De fato, entendo essa ansiedade. *Mas fugir de si mesmo me parece uma forma muito inadequada de lidar com uma ansiedade* [itálicos meus]. E se os autores quiserem optar por esse escapismo, quem aceitará o desafio?[24]

Quem, afinal?

Nós, autores africanos, somos obrigados pela nossa vocação a fazer pelas nossas línguas o que Spencer, Milton e Shakespeare fizeram pelo inglês; o que Pushkin e Tolstói fizeram pelo russo; o que de fato todos os autores na história do mundo fizeram pelas suas línguas ao aceitarem o desafio de criar uma literatura nelas, cujo processo abrirá depois essas línguas para a filosofia, ciência, tecnologia e todas as outras áreas de esforços criativos da humanidade.

Mas escrever nas nossas línguas por si só — embora seja um primeiro passo necessário rumo à direção correta — não proporcionará o renascimento nas culturas africanas se essa literatura não trouxer o conteúdo das lutas anti-imperialistas do nosso povo para libertar as suas forças produtivas do controle estrangeiro; o conteúdo da necessidade de união entre trabalhadores e camponeses de todas as nacionalidades na sua luta para controlar a riqueza que produzem e libertá-la de parasitas internos e externos.

Em outras palavras, os autores das línguas africanas devem se reconectar às tradições revolucionárias de um campesinato e de uma classe trabalhadora organizados na África na sua luta para derrotar o imperialismo e criar um sistema superior de democracia e socialismo, em aliança com os demais povos do mundo. A união nesta luta garantirá a unidade na nossa diversidade multilíngue. Também revelará os verdadeiros laços que unem os povos da África com os povos da Ásia, da América do Sul, da Europa, da Austrália e da Nova Zelândia, do Canadá e dos Estados Unidos.

Mas é precisamente quando os autores abrirem as línguas africanas para os laços verdadeiros nas lutas dos camponeses e trabalhadores que encontrarão o seu maior desafio. Pois, para os regimes liderados por compradores, o inimigo verdadeiro é um campesinato e uma classe trabalhadora despertos. Um escritor que tenta comunicar a mensagem de união revolucionária e esperança nas línguas do povo se torna uma figura subversiva. É aí que escrever em línguas africanas se torna uma transgressão subversiva ou própria de traição, com tais autores enfrentando possibilidades de prisão, exílio ou até mesmo a morte. Para eles, não há prêmios "nacionais", não há condecorações anuais, apenas assédio e calúnia e incontáveis mentiras das bocas do poder armado de uma minoria que governa — governança esta em nome do imperialismo liderado pelos Estados Unidos — e que enxerga na democracia uma ameaça verdadeira. Uma participação democrática do povo na construção das suas vidas ou na discussão das suas vidas em línguas que permitem compreensão mútua é vista como sendo perigosa ao bom governo de um país e suas instituições. Línguas africanas que se voltam às vidas das pessoas se tornam as inimigas de um estado neocolonial.

## Notas

1. **"As línguas europeias** se tornaram tão importantes para os africanos que eles definiram suas próprias identidades em parte com referência a essas línguas. Os africanos passaram a se descrever de acordo com serem ou francófonos ou anglófonos. O próprio continente era pensado em termos de estados francófonos, estados anglófonos e estados arabófonos" (Ali A. Mazrui, *African international relations*. Londres, 1977, p. 92).

   O árabe não se enquadra exatamente nessa categoria. Em vez de estados arabófonos como exemplo, Mazrui deveria ter incluído os estados lusófonos. O árabe é agora uma língua africana, a menos que queiram considerar todas as populações nativas da África do Norte, do Egito e do Sudão como não sendo africanas.

   E, como sempre com Mazrui, suas frequentemente pontuais e perspicazes descrições, observações e comparações das realidades africanas contemporâneas como afetadas pela Europa são, infelizmente, com frequência manchadas por aprovação ou uma sensação de irreversível inevitabilidade.

2. **A conferência foi organizada** pela Sociedade pela Liberdade Cultural, uma organização anticomunista sediada em Paris, mas de inspiração e financiamento estadunidense, que mais tarde descobriu-se ter sido financiada de fato pela CIA. Isso mostra como certas direções das nossas escolhas culturais, políticas e econômicas podem ser arquitetadas nos centros metropolitanos do imperialismo.

3. **Esse é um argumento** frequentemente apoiado por porta-vozes coloniais. Compare o comentário de Mphahlele com aquele de Geoffrey Moorhouse no Manchester Guardian Weekly de 15 de julho de 1964, conforme citação de Ali A. Mazrui e Michael Tidy na obra *Nationalism and new states in Africa* (Londres: 1984).

"Nos dois lados da África, ademais, no Gana e na Nigéria, em Uganda e no Quênia, a expansão da educação gerou uma crescente demanda pelo inglês no nível primário. *O mais notável é que a língua inglesa não foi rejeitada como um símbolo do colonialismo; foi, pelo contrário, adotada como uma língua politicamente neutra, livre das acusações do tribalismo* [itálicos meus]. É também uma proposição que é mais atraente na África do que na Índia ou na Malásia, pois, comparativamente, poucos africanos são plenamente alfabetizados nos idiomas vernaculares e até mesmo nas línguas de comunicação regional, o hauçá e o suaíli, que são faladas por milhões, mas lidas e escritas apenas por milhares".

Moorhouse está tentando nos dizer que a língua inglesa é politicamente neutra diante do confronto da África com o neocolonialismo? Está nos dizendo que, em 1964, havia mais africanos alfabetizados em línguas europeias do que nas línguas africanas? Que os africanos não poderiam, mesmo se esse fosse o caso, serem alfabetizados nas suas próprias línguas nacionais ou nas línguas regionais? O Sr. Moorhouse está realmente enrolando a língua do africano?

4. **O título em inglês** é *Tales of Amadou Koumba* e foi publicado pela Oxford University Press. A tradução dessa passagem em particular, retirada da revista Présence Africaine, de Paris, foi disponibilizada para mim pelo Dr. Bachir Diagne em Bayreuth.

5. **O artigo está agora** na coleção de ensaios de Achebe, *Morning yet on creation day* (Londres: 1975).

6. **Na introdução de** *Morning yet on creation day*, Achebe obviamente assume uma postura ligeiramente mais crítica em relação à sua posição de 1964. A frase é adequada para toda uma geração nossa de autores africanos.

7. **Transition nº 10**, setembro de 1963, reimpressa de *Dialogue*, Paris.

8. **Chinua Achebe,** *The african writer and the English language*, em *Morning yet on creation day*.

9. **Gabriel Okara,** Transition nº 10, setembro de 1963.

10. **Cheikh Hamidou Kane,** *L'aventure ambiguë*. Essa passagem foi traduzida para mim por Bachir Diagne.

11. **Exemplo de um trava-língua:** "Kaana ka Nikoora koona koora koora; na ko koora koona kaana ka Nikoora koora koora". Devo esse exemplo a Wangui wa Goro. "O filho de Nichola viu uma rã filhote e fugiu; e, quando a rã filhote viu o filho de Nichola, ela também fugiu". Uma criança falante do gĩkũyũ precisa reproduzir o tom e o comprimento e as pausas das vogais corretamente para acertar. Do contrário, vira uma confusão de KS, RS e NAS.

12. **"A produção de ideias,** representações, da consciência está a princípio diretamente entrelaçada com a atividade material e o intercâmbio material dos homens, a linguagem da vida real. O representar, o pensar, o intercâmbio espiritual dos homens aparecem aqui ainda como refluxo direto do seu comportamento material. O mesmo se aplica à produção espiritual como ela se apresenta na linguagem da política, das leis, da moral, da religião, da metafísica, etc., de um povo. Os homens são os produtores das suas representações, ideias, etc., mas os homens reais, os homens que realizam [die wirklichen, wirkenden Menschen], tal como se encontram condicionados por um determinado desenvolvimento das suas forças produtivas e do intercâmbio que a estas corresponde até as suas formações mais avançadas". Marx e Engels, capítulo primeiro de *A ideologia alemã*, publicado em *Feuerbach: oposições das concepções materialista e idealista* (A versão apresentada aqui é tradução de Alvaro Pina. Lisboa, Moscou: Editorial Avante!, Edições Progresso, 1982).

13. **Citado em** *A history of the people of Trinidad and Tobago*, de Eric Williams (Londres: 1964, p. 32).

14. **Ibidem,** p. 31.

15. **Em referências** à África na introdução de suas palestras em *A filosofia da história*, Hegel dá expressão e legitimidade históricas, filosóficas e racionais para cada mito europeu racista sobre a África. A África é até mesmo privada da própria geografia quan-

do essa não corresponde ao mito. Assim, o Egito não é parte da África; e a África Setentrional é parte da Europa. A África propriamente dita é o lar especial de feras vorazes e cobras de todos os tipos. O africano não é parte da humanidade. A escravidão é boa para o africano. "A escravidão por si só é *injustiça*, pois a essência da humanidade é a *liberdade*; mas para isso o homem deve amadurecer. A gradual abolição da escravidão é assim mais sábia e mais igualitária do que sua súbita remoção" (Hegel, *A filosofia da história*. Nova York: Dover, 1956, p. 91-99). Hegel claramente se revela o Hitler do intelecto no século 19.

**16. O artigo está** agora em *The teaching of african literature in schools*, de Akivaga e Gachukiah, publicado pelo Kenya Literature Bureau.

**17. Senghor, Introdução** aos seus poemas, *Éthiopiques, le 24 Septembre 1954*, ao responder à pergunta: "Pourquoi, dès lors, écrivez-vous en français?". Aqui está todo o trecho em francês. Observe o quão lírico Senghor se revela ao falar do seu encontro com a língua e a literatura francesa:

"Mais on me posera la question: 'Pourquoi, dès lors, écrivez-vous en français?' Parce que nous sommes des métis culturels, parce que, si nous sentons en nègres, nous nous exprimons en français, parce que le français est une langue à vocation universelle, que notre message s'adresse aussi aux Français de France et aux autres hommes, parce que le français est une langue de 'gentillesse et d'honnêteté'. Qui a dit que c'était une langue grise et atone d'ingénieurs et de diplomates? Bien sûr, moi aussi, je l'ai dit un jour, pour les besoins de ma thèse. On me le pardonnera. Car je sais ses ressources pour l'avoir goûté, mâché, enseigné et qu'il est la langue des dieux. Écoutez donc Corneille, Lautréamont, Rimbaud, Péguy et Claudel. Écoutez le grand Hugo. Le français, ce sont les grandes orgues qui se prêtent à tous les timbres, à tous les effets, des douceurs les plus suaves aux fulgurances de l'orage. Il est, tour à tour ou en même temps, flûte, hautbois, trompette, tam-tam et même canon. Et puis le français nous a fait don de ses mots abstraits — si rares dans nos langues maternelles —, où les larmes se font pierres précieuses. Chez nous, les mots sont naturellement nimbés d'un halo de sève et de sang; les mots du français rayonnent de mille feux, comme des diamants. Des fusées qui éclairent notre nuit".

Ver também a resposta de Senghor para uma pergunta sobre língua, numa entrevista dada a Armand Guiber e publicada na Présence Africaine, em 1962, com o título *Léopold Sédar Senghor*:

"Il est vrai que le français n'est pas ma langue maternelle. J'ai commencé de l'apprendre à sept ans, par des mots comme 'confiture' et 'chocolat'. Aujourd' — hui, je pense naturellement en Français, et je comprend le Français — faut-il en avoir honte? Mieux qu'aucune autre langue. C'est dire que le Français n'est plus pour moi un 'véhicule étranger' mais la forme d'expression naturelle de ma pensée.

Ce qui m'est étrange dans le français, c'est peut-être son style:

Son architecture classique. Je suis naturellement portré à gonfler d'image son cadre étroit, sans la poussée de la chaleur émotionelle".

**18. Zimbabwe Herald,** agosto de 1981.

**19. Chinua Achebe,** *The african writer and the English language*, em *Morning yet on creation day*, p. 59

**20. A maioria dos escritores** eram de universidades. O público leitor era principalmente o produto das escolas e faculdades. Quanto ao tema subjacente de boa parte dessa literatura, a declaração de Achebe no seu artigo *The novelist as a teacher* é instrutiva:

"Se eu fosse Deus, consideraria como a pior coisa possível a nossa aceitação — por qualquer motivo que seja — de inferioridade racial. É muito tarde para se incomodar com isso ou culpar os outros, por mais que mereçam essa culpa e condenação. O que precisamos fazer é olhar para trás e tentar encontrar onde foi que erramos, onde a chuva começou a cair em nós.

Aqui, então, está uma revolução adequada para eu apoiar — a de ajudar a minha sociedade a readquirir a crença em si mesma e deixar de lado os complexos dos anos de difamação e auto-humilhação." *Morning yet on creation day*, p. 44.

Como o camponês e o trabalhador nunca tiveram qualquer dúvida de fato em relação à sua africanidade, a referência somente pode ter sido ao africano "instruído" ou pequeno-burguês. Na verdade, se substituirmos a palavra "nossa" pelas palavras "da pequena burguesia" e "minha sociedade" por "a classe pequeno-burguesa", a afirmação é apropriada, precisa e descreve adequadamente o suposto público. Claro, uma revolução ideológica nessa classe afetaria toda a sociedade.

21. **David Diop,** *Contribuição ao debate sobre poesia nacional,* em Présence Africaine, nº 6, 1956.

22. **Ibidem.**

23. **O termo "literatura afro-europeia"** pode dar a impressão de que um peso excessivo é dado ao europeísmo da literatura. Literatura euro-africana? Provavelmente, os componentes ingleses, franceses e portugueses seriam então "literatura anglo-africana", "literatura franco-africana" ou "literatura luso-africana". O importante é que essa literatura de minoria forma uma tradição distinta, que precisa de outro termo para se diferenciar da literatura africana, em vez de usurpar o título *literatura africana,* como é a prática atual no estudo literário. Houve até mesmo postulações arrogantes de alguns estudiosos literários que falam como se a literatura escrita em línguas europeias estivesse necessariamente mais próxima da africanidade da sua inspiração do que obras semelhantes em línguas africanas, as línguas da maioria. A minoritária "literatura afro-europeia" (literatura euro-africana?) usurpou tão completamente o nome "literatura africana" nos estudos atuais que a literatura por africanos em línguas africanas é a que precisa de adjetivação. O livro de Albert Gérard, de outra forma oportuno, é intitulado *African language literatures.*

24. **Chinua Achebe,** *Africa and her writers,* em *Morning yet on creation day,* p. 27.

A LÍNGUA ENQUANTO CULTURA É O BANCO DE MEMÓRIA COLETIVA DA EXPERIÊNCIA DE UM POVO NA HISTÓRIA.

# 2 A LINGUAGEM DO TEATRO AFRICANO

Numa manhã de 1976, uma mulher do vilarejo de Kamĩrĩĩthũ veio cedo à minha casa e foi direto ao ponto: "Ouvimos falar que você é muito instruído e que escreve livros. Por que você e os outros como você não dão um pouco dessa instrução à vila? Não queremos toda, só um pouquinho dela, e um pouquinho do seu tempo". Havia um centro juvenil no vilarejo, disse ela, que estava caindo aos pedaços. Precisava de um esforço coletivo para trazê-lo de volta à vida. Será que eu estaria disposto a ajudar? Disse que ia pensar a respeito. Naquela época, eu era o chefe do departamento de literatura da Universidade de Nairóbi, mas morava perto de Kamĩrĩĩthũ, em Limuru, a cerca de trinta quilômetros da capital. Eu costumava ir e voltar de carro de Nairóbi todos os dias, com exceção dos domingos. Assim, o domingo era o melhor dia para me encontrar em casa. Ela retornou no segundo, no terceiro e no quarto domingo consecutivo com o mesmo pedido, expressado praticamente nas mesmas palavras. Foi assim que me juntei a outros no que mais tarde seria chamado de Centro Educacional e Cultural da Comunidade de Kamĩrĩĩthũ.

■

Kamĩrĩĩthũ é um dos vários vilarejos em Limuru criados originalmente nos anos 50 pela administração colonial britânica como uma forma de cortar os laços entre o povo e as guerrilhas do Exército da Terra e da Liberdade do Quênia, também conhecido como Mau Mau. Mesmo depois da independência, em 1963, as vilas continuaram sendo reservatórios de mão de obra barata. Em 1975, apenas Kamĩrĩĩthũ já somava uma população de dez mil pessoas. Os trabalhadores que vivem ali, sejam inquilinos que pagam aluguel ou proprietários, dividem-se em três amplas categorias. Primeiro, há aqueles que trabalham na fábrica da Bata, a multinacional de calçados, na fábrica da Nile Investments Plastic Pipes and Goods, nas pequenas usinas de sal, nas madeireiras e moinhos de milho e nas oficinas mecânicas de automóveis e bicicletas — todos parte de um crescente proletariado industrial. Depois, há aqueles empregados em hotéis, lojas, postos de gasolina, ônibus e micro-ônibus para transporte de passageiros, com carroças puxadas por burros ou carrinhos empurrados por pessoas — trabalhadores comerciais e domésticos. A terceira categoria faz parte do proletariado agrícola; aqueles que estão principalmente empregados nas enormes plantações de chá e café e nas fazendas que anteriormente pertenciam aos colonos britânicos, mas que agora pertencem a alguns poucos quenianos ricos e a multinacionais como a Lonrho. Há também aqueles que arranjam emprego como trabalhadores sazonais em fazendas de todos os tamanhos.

Mas os camponeses são a maioria. Eles incluem os camponeses "ricos", que empregam mais do que mão de obra familiar; camponeses intermediários, que dependem apenas dessa mão de obra; camponeses pobres, que trabalham nas suas próprias faixas de terra, mas também vendem sua força de trabalho; e numerosos camponeses sem-terra, que pagam aluguel por terras e vendem sua mão de obra. Há também, é claro, os muitos desempregados, além de prostitutas em tempo integral e parcial e contraventores. O outro tipo distinto de morador de Kamĩrĩĩthũ são professores, secretárias, pequenos funcionários administrativos, donos de pequenos bares e lojas, trabalhadores autônomos, carpinteiros, músicos, vendedores e o eventual empresário — isto é, o pequeno-burguês. A maior parte dos ricos proprietários, comerciantes e funcionários de alto escalão no setor público e privado, assim como uma grande parcela dos camponeses proprietários de terra, moram fora do vilarejo[1].

Cito essas diferentes classes porque quase todas estavam representadas entre os participantes do Centro Educacional e Cultural da Comunidade de Kamĩrĩĩthũ. Por exemplo, o comitê que administrava o centro era formado por camponeses, trabalhadores, uma professora e um empresário. Aqueles de nós que vinham da universidade incluíam Kĩmani, Gecaũ, Kabirũ Kinyanjui e Ngũgĩ wa Mĩriĩ, que mais tarde se tornou o coordenador de todas as nossas atividades. Mas os camponeses e os trabalhadores, incluindo os desempregados, eram a verdadeira espinha dorsal do centro, que começou a funcionar em 1976.

Falei sobre as origens, os objetivos e o desenvolvimento do centro nos meus livros *Detained: a writer's prison diary* e *Barrel of a pen: resistance to repression in neo-colonial Kenya* e em diversas outras publicações. Muito se escreveu sobre o centro também em jornais, periódicos e artigos acadêmicos. Mas o que é importante para a nossa discussão sobre a linguagem do teatro africano é que todas as atividades do centro deveriam estar conectadas (elas surgiriam uma da outra), ao mesmo tempo que cada uma seria um programa independente. Assim, o *teatro*, como o foco central do nosso programa cultural, forneceria material de acompanhamento e atividades para os novos letrados do programa de alfabetização para adultos, ao mesmo tempo que forneceria a base para atividades de caráter politécnico no programa de cultura material.

Mas por que teatro no vilarejo? Estávamos introduzindo algo completamente estranho à comunidade, como o comissário da província mais tarde afirmou?

■■■

A dramaturgia tem origens nas lutas humanas com a natureza e com os outros. No Quênia pré-colonial, os camponeses de várias nacionalidades derrubaram florestas, plantaram culturas e as cultivaram até seu amadurecimento e colheita — de uma semente na terra, muitas outras vieram. Da morte, a vida brotou, e isso por meio da mediação entre a mão humana e as ferramentas que ela segurou. Então, havia rituais para abençoar o poder mágico das ferramentas. Havia outros mistérios: do acasalamento de vacas, cabras, outros animais e pássaros — como o dos humanos

—, e daí veio vida que ajudou a sustentar a vida humana. Logo, rituais de fertilidade e cerimônias para celebrar a vida que jorrava da terra ou de entre as coxas dos seres humanos e animais. A vida humana por si só era um mistério: nascimento, crescimento e morte, mas passando por vários estágios. Havia rituais e cerimônias para celebrar e marcar o nascimento, a circuncisão ou iniciação nos diferentes estágios do crescimento e da responsabilidade, casamentos e o enterro dos mortos.

Mas observe a crueldade da natureza. Havia secas e enchentes, que ameaçavam trazer devastação e morte. A comunidade deveria construir poços e muros. Mas os deuses precisam de propiciação. Mais rituais. Mais cerimônias. Os espíritos e os deuses eram, é claro, invisíveis, mas podiam ser representados por máscaras usadas pelos humanos. A natureza, através de trabalhos e de cerimônias, poderia ser transformada em uma amiga.

Mas observe a crueldade dos seres humanos. Inimigos podiam vir e roubar a riqueza de uma comunidade na forma de cabras e gado. Assim, havia batalhas a lutar para resgatar o que nos pertencia. A bênção às lanças. A bênção aos guerreiros. A bênção àqueles que defendem a comunidade dos seus inimigos. Os guerreiros vitoriosos eram recebidos com ritual e cerimônia. Na canção e na dança, encenavam as cenas da batalha para aqueles que não estavam lá e para que os guerreiros revivessem sua glória, se alimentando da admiração e da gratidão comunal. Havia também inimigos internos: malfeitores, ladrões, preguiçosos; havia histórias — geralmente com um coro — para mostrar o destino daqueles que ameaçavam o bem comum.

Certas peças poderiam durar dias, semanas ou meses. Entre os Agĩkũyũ do Quênia, por exemplo, havia a cerimônia Ituïka, realizada a cada vinte e cinco anos, que marcava a passagem do poder de uma geração a outra. De acordo com Kenyatta, no seu livro *Facing Mount Kenya*, a Ituïka era celebrada com banquetes, danças e canções por um período de seis meses. As leis e os regulamentos do novo governo eram incorporados em palavras, frases e movimentos rítmicos das novas canções e danças[2]. A forma como a Ituïka se originou era sempre encenada numa procissão dramática. Era central a todas essas variedades de expressão dramática as canções, as danças e eventualmente a mímica!

A dramaturgia no Quênia pré-colonial não era, então, um evento isolado; era essencial no ritmo da vida cotidiana e sazonal da comunidade. Era uma atividade entre outras atividades, frequentemente abastecida pela energia dessas outras atividades. Era também entretenimento, no sentido de ser uma diversão envolvente; era instrução moral; e era uma questão estrita de vida e morte e sobrevivência comunal. Essa dramaturgia não era encenada em prédios especiais reservados para esse propósito. Poderia ser realizada em qualquer lugar — onde quer que houvesse um "espaço vazio", para tomar emprestada a frase de Peter Brook. "O espaço vazio", em meio ao povo, era parte dessa tradição[3].

## IV

Foi o colonialismo britânico que destruiu essa tradição. Os missionários, no seu fervor proselitista, enxergaram muitas dessas tradições como obras do diabo. Elas precisavam ser combatidas antes que a bíblia pudesse manter o controle do coração dos nativos. A administração colonial também colaborou. Qualquer ajuntamento de nativos precisava de uma licença: o colonialismo temia seu próprio provérbio bíblico de que onde quer que houvesse dois ou três reunidos, Deus escutaria o seu grito. Por que deveriam permitir que o Deus lá em cima, ou o Deus entre os nativos, ouvisse o grito do povo? Muitas dessas cerimônias foram proibidas, como a Ituĩka, em 1925. Mas a proibição atingiu proporções gigantescas de 1952 a 1962, durante o levante Mau Mau, quando mais do que cinco pessoas passaram a ser consideradas uma aglomeração pública que necessitava de uma licença. Tanto os missionários quanto a administração colonial usaram o sistema escolar para destruir o conceito do "espaço vazio" em meio ao povo, ao tentar capturá-lo e confiná-lo a auditórios públicos, auditórios de escola, igrejas e até mesmo teatros com proscênios, supervisionados pelo governo. Entre 1952 e 1962, "o espaço vazio" foi até mesmo confinado ao arame farpado das prisões e dos centros de detenção, onde prisioneiros políticos foram encorajados a produzir servilmente peças de propaganda pró-colonial e anti-Mau Mau.

Os auditórios públicos encorajavam o concerto, um tipo de pequena peça, com enredos simples, frequentemente retratando o camponês ingênuo que chega à cidade grande e fica completamente perplexo com as complexidades da vida moderna, o camponês idiota que fala com fios de telefone, pedindo a eles que enviem dinheiro aos seus parentes enquanto deixa um maço de notas sob o poste; e, é claro, o grande braço da lei que captura os criminosos e assim restaura a paz na cidade. O salão da escola e da igreja produziram teatro religioso, com a história do filho pródigo e a natividade entre os temas mais populares. Mas a escola também produzia peças em inglês; na Alliance High School, onde estudei Shakespeare, a cena o discurso do Dia de São Crispim era um evento anual. Entre 1955 e 1958, assisti *Como gostais,* Henrique IV — Parte I, Rei Lear *e* Sonho de uma noite de verão, mais ou menos nessa ordem. Nos anos 50, por meio do British Council e de um funcionário indicado pelo governo encarregado da música e da dramaturgia em toda colônia, o teatro escolar foi sistematizado num anual Schools Drama Festival. Os vários teatros controlados por europeus e construídos nas cidades principais — Mombaça, Nairóbi, Nakuru, Kisumu, Kitale, Eldoret — se especializavam, entre 1948 e 1952, em comédias do West End e musicais açucarados, ocasionalmente com Shakespeare e George Bernard Shaw. Os dois mais famosos eram o Teatro Donovan Maule, em Nairóbi, um teatro profissional completo, e o Teatro Nacional do Quênia, um estabelecimento do governo colonial, projetado como um futuro centro cultural multirracial. A independência em 1963 não mudou o status quo do teatro; o "espaço vazio" ainda estava confinado a espaços similares. Musicais do West End como *Bonita e valente*, *Boeing boeing, Jesus Cristo superstar, Desperate hours* e *Alice no País das Maravilhas* continuaram tendo influência, com a comunidade expatriada dominando o teatro profissional, semiprofissional e amador. Também havia uma tradição de teatro de línguas asiáticas, mas estava praticamente restrita a instituições e escolas da comunidade asiática do Quênia.

O regime colonial também incentivou a radiodramaturgia, retratando o africano como um palhaço. Se conseguissem fazer o africano rir da sua própria estupidez e simplicidade, ele poderia esquecer desse negócio de Mau Mau, liberdade e tudo mais. O teatro do palhaço descerebrado se centrava em torno de Kipanga e alguns outros comediantes africanos.

Com a independência, cada vez mais graduados ingressaram em escolas e universidades e se iniciou uma revolta gradual, embora ainda predominantemente confinada às quatro paredes da escola, do salão de eventos, das dependências da universidade e também aos limites da língua inglesa. A revolta dessa pequena burguesia africana na área do teatro tem as suas raízes nos anos 50 com a Alliance High School, Thika, Mang'u, Kagumo e outras escolas proeminentes, que produziram uma tradição que ia contra Shakespeare e G. B. Shaw, escrevendo seus próprios roteiros em kiswahili. Na Alliance High School, houve *Nakupenda Lakini*, de Henry Kuria (que também foi organizador do Festival de Música de Kiambu) (1954); *Maisha ni Nini*, de Kĩmani Nyoike (1955); *Nimelogwa nisiwe na mpenzi*, de Gerishon Ngũgĩ (1956); *Atakiwa na Polisi*, de B. M. Kurutu (1957), todas acabaram sendo encenadas no Auditório Menengai, em Nakuru, no coração da colonização.

Mas as revoltas dos anos 60 e do início dos anos 70 tiveram um aroma mais nacionalista. Dramaturgos quenianos (como Francis Imbuga, Kenneth Watene, Kibwana e Mĩcere Mũgo) e diretores quenianos (como Seth Adagala, Tirus Gathwe, Waigwa Wachiira e David Mulwa) surgiram com um crescente círculo de atores junto à rádio e à emissora de tevê Voice of Kenya, ao Teatro Nacional do Quênia e às universidades. Destacados dramaturgos africanos e diretores de outros países, como John Ruganda e Joe de Graft, na universidade, fortaleceram seus pares do Quênia. Companhias de teatro amador surgiram, algumas durante muito pouco, mas algumas, como a The University Players e a Tamaduni Players, de Mũmbi wa Maina, existiram por um período mais longo. A Tamaduni Players foi a mais consistente pela regularidade das produções, sua constante busca por relevância e seu alto grau de profissionalismo.

A revolta assumiu muitas formas: uma foi a pura afirmação pequeno-burguesa africana no próprio fato de escrever, dirigir e contracenar as peças. Ela também assumiu a forma de um conteúdo cada vez mais nacionalista, patriótico, anticolonial e anti-imperialista nas peças, tendência que talvez seja mais bem exemplificada em *The trial of Dedan Kīmathi*, de Mīcere Mūgo e Ngũgĩ wa Thiong'o, que foi contracenada pelo Kenya Festac 77 Drama Group. Também assumiu a forma de uma crítica mais afiada da ordem interna em *Betrayal in the city*, de Francis Imbuga, contracenada pelo mesmo grupo em Nairóbi e em Lagos.

Mas a maior revolta foi em relação ao controle do Teatro Nacional do Quênia, criado nos anos 50 e inteiramente dominado por diretores e grupos amadores britânicos. Ele permaneceu como domínio da comunidade de expatriados britânicos mesmo após o Quênia ganhar seu próprio hino nacional e bandeira, em 1963. Era dirigido por um conselho administrativo inteiramente de expatriados, com o British Council mantendo um representante, muitos anos após a independência. Houve protesto quanto a esse domínio, vindo da pequena burguesia queniana centrada na universidade e apoiado por alguns jornalistas patrióticos que exigiam a "queniaficação" da diretoria e do conselho. Uma declaração dos funcionários do Departamento de Literatura, em 1970, denunciou o Centro Cultural do Quênia como um posto de atendimento de interesses estrangeiros, uma declaração que também era um reflexo cultural da crescente insatisfação com o domínio econômico e político dos interesses imperialistas no país como um todo. Houve a exigência de mais dias e semanas reservados ao teatro africano. Os acalorados debates chegaram ao ápice na violência racial de 1976, quando um ator negro deixou uma expatriada branca com o nariz sangrando depois dela chamá-lo de negro safado. A polícia foi acionada, mas, na identificação com suspeitos perfilados, a mulher não conseguiu diferenciar um rosto africano do outro. Seth Adagala, o diretor do Kenya Festac 77 Drama Group, e eu fomos mais tarde chamados a depor no Departamento de Investigação Criminal, após líderes dos grupos europeus de teatro amador reclamarem que estávamos interferindo no sucesso das suas produções teatrais, uma reclamação que era obviamente mentira. Mas a luta também assumiu a forma de um debate sobre toda a questão, o conceito e a constituição de um teatro nacional. Ele era apenas um prédio? Era o local? Era o tipo de peças que lá eram apresentadas? Ou era apenas a cor da pele do diretor e do corpo administrativo?

Alguns grupos optaram por outros locais. O Teatro Universitário, basicamente uma sala de aula universitária com um palco — espaçoso, mas com pouca profundidade, no mesmo nível da primeira fila do auditório —, testemunhou uma ampla variedade de produções experimentais, particularmente na segunda metade dos anos 70. O Teatro Educacional II, como era oficialmente chamado, se tornou uma alternativa para o Teatro Nacional do Quênia e o Centro Cultural do Quênia, de propriedade do governo, mas gerido por estrangeiros. Tamaduni e outros grupos apresentaram uma peça inovadora atrás da outra sob a direção da infatigável Mūmbi wa Maina e outros diretores.

A organização do Schools Drama Festival, anteriormente nas mãos de uma equipe de expatriados do Ministério da Educação, agora estava sob a direção do primeiro diretor queniano de Teatro e Literatura Africana, o Sr. Wasambo Were. Com o passar dos anos, o festival, que agora incluía uma outra edição, separada mas em paralelo, para as instituições de formação de professores, se tornou cada vez mais nacionalista no conteúdo conforme mais graduados da Universidade de Nairóbi ingressaram no quadro de funcionários das escolas e trouxeram uma nova atitude à dramaturgia. Sob a nova direção, o festival teve uma mudança radical em relação ao passado. Se mudou do seu local anual no Teatro Nacional do Quênia para um local em Kakamega, bem no interior. Subsequentemente, alternaria entre as províncias com as peças dos finalistas vencedores, fazendo uma turnê pelo país. A língua das peças mudou, com o inglês sendo ultrapassado pelo kiswahili como meio principal da expressão teatral.

O departamento de literatura da Universidade de Nairóbi deu início ao seu próprio teatro itinerante gratuito, o Teatro Itinerante Gratuito. Os estudantes percorriam centros comunitários e escolas urbanas e rurais sob o aplauso de milhares. Outras minicompanhias de teatro itinerantes foram formadas em outras escolas e faculdades. O foco do início à metade dos anos 70 era no teatro para o povo.

Em retrospecto, está claro que o teatro queniano no início dos anos 70 estava tentando romper com a tradição colonial imperialista, cujos símbolos eram o Teatro Nacional do Quênia, dominado por europeus (ainda que auxiliado pelo governo), o Teatro Donovan Maule, em Nairóbi, e outros centros similares nas principais cidades.

Sua principal desvantagem ainda era a sua base pequeno-burguesa nas escolas e universidades, de onde vieram a maioria dos atores, dos diretores e das peças. Acima de tudo, estava restrito pela mesma tradição imperialista com a qual tentava romper. O inglês ainda era aceito como o principal meio de revolta e afirmação. Peças originais, mesmo as mais radicais, eram frequentemente escritas do ponto de vista da pequena burguesia. E o teatro ainda estava confinado a quatro paredes. Onde ele tentou romper com os limites das paredes e cortinas fechadas de um teatro formal nos centros comunitários rurais e urbanos, a suposição ainda era a de que o teatro precisava ser levado ao povo. O povo deveria ter um gostinho dos tesouros do teatro. O povo não tinha nenhuma tradição de teatro. A suposição de que o povo deveria receber o teatro estava, é claro, de acordo com a ficção governamental de que o povo existia para receber o desenvolvimento, especialmente se fosse bem-comportado.

Mas foi o imperialismo que interrompeu o livre desenvolvimento das tradições nacionais de teatro com raízes nas práticas rituais e cerimoniais dos camponeses. A verdadeira linguagem do teatro africano poderia ser encontrada apenas em meio ao povo — o campesinato, em particular —, em sua vida, história e lutas.

▼

Kamīrīīthū, portanto, não foi uma aberração, mas uma tentativa de reconexão com as raízes partidas da civilização africana e suas tradições de teatro. No seu próprio local, numa vila dentro do tipo de classes sociais descritas acima, Kamīrīīthū foi a resposta à questão da verdadeira essência de um teatro nacional. O teatro não é um prédio. Pessoas fazem o teatro. Suas vidas são a própria substância da dramaturgia. De fato, Kamīrīīthū se reconectou à tradição nacional do espaço vazio, da linguagem, do conteúdo e da forma.

A necessidade forçou a questão.

Por exemplo, havia um espaço vazio de verdade em Kamīrīīthū. Os quatro acres (1,61 hectare) reservados para o Centro Juvenil tinham, na época, em 1977, apenas um barracão de taipa de quatro peças caindo aos pedaços que utilizávamos para a alfabetização de adultos. O resto era mato. Não havia mais nada. Foram os camponeses e trabalhadores da vila que construíram o palco: apenas uma plataforma semicircular elevada apoiada numa parede semicircular de bambu onde, atrás, ficava uma pequena casa de três peças que servia como depósito e camarim. O palco e o auditório — longos bancos de madeira dispostos como escadas — eram quase uma extensão um do outro. Não tinha telhado. Era um teatro ao ar livre com amplos espaços vazios ao redor do palco e do auditório. O fluxo dos atores e das pessoas entre o auditório e o palco, e em volta do palco e do auditório inteiro, era livre. Atrás do auditório, havia grandes árvores de eucalipto. Os pássaros podiam assistir as apresentações do topo delas ou pousados na cerca externa de bambu. E, durante uma apresentação, alguns atores, sem ensaiar, tiveram a ideia de subir numa das árvores para cantar lá de cima. Estavam se apresentando não apenas para quem estava sentado na sua frente, mas para qualquer um que pudesse vê-los e escutá--los — todo o vilarejo de dez mil pessoas era o seu público.

A necessidade forçou uma solução de bom senso para a questão da língua. Ngũgĩ wa Mĩriĩ e eu fomos solicitados a escrever o rascunho de uma peça que mais tarde se chamaria *Ngaahika Ndeenda*. A questão era: que língua iríamos usar?

Desde 1960, quando, ainda estudante, comecei a rabiscar palavras no papel, tinha escrito todos os meus romances e todas as minhas histórias em inglês. Minhas peças também. *The black hermit*, feita para a celebração da independência de Uganda, foi apresentada pela Makerere Students Drama Society no Uganda Nacional Theatre, em 1962. *This time tomorrow*, escrita em 1966, foi sobre o despejo de trabalhadores dos arredores do centro de Nairóbi para manter a cidade limpa para turistas. Em 1976, colaborei com Mĩcere Mũgo na autoria de *The trial of Dedan Kĩmathi*. No prefácio ao roteiro publicado, escrevemos o equivalente a um manifesto literário, pedindo uma mudança radical na atitude dos escritores africanos para lutar com o povo contra o imperialismo e os inimigos de classe do povo. Pedimos um teatro revolucionário, que enfrentasse o consequente desafio: como retratar verdadeiramente "as massas da única perspectiva histórica correta: positivamente, heroicamente e como as verdadeiras criadoras da história". Passamos a definir o bom teatro como aquele que estava do lado do povo, "aquele que, sem disfarçar erros e fraquezas, dá coragem às pessoas e incita elas a resoluções mais elevadas na sua luta pela libertação total". Mas nunca nos perguntamos: como esse teatro revolucionário incitaria as pessoas a resoluções mais elevadas numa língua estrangeira? De fato, em todas as três peças, *The black hermit*, *This time tomorrow* e *The trial of Dedan Kĩmathi*, havia contradições bastante óbvias, embora ficassem mais aparentes no palco do que no roteiro. Na primeira frase de *The black hermit*, fazem a mãe camponesa falar numa linguagem poética cujo tom lembra T. S. Eliot. Os anciãos de uma localidade rural chegam à cidade buscando seu filho, o eremita negro, e falam em inglês impecável. Assim como Kĩmathi, em *The trial of Dedan Kĩmathi*, mesmo quando se dirige à sua guerrilha ou aos camponeses e trabalhadores no tribunal. Reconhecidamente, entende-se que os personagens estão falando uma língua africana. Mas isso é somente uma ilusão, já que eles foram concebidos no inglês e falam diretamente em inglês. Também há outras contradições: esses personagens falam inglês, mas, quando se trata de cantar, voltam felizes e com naturalidade às suas línguas. Então eles *sabem* falar línguas africanas! A ilusão de que ao falar em inglês estão, na verdade, falando em uma língua africana está quebrada. O realismo no teatro entra em colisão com a realidade histórica que tenta refletir. São apenas os personagens pequeno-burgueses — aqueles que frequentaram escolas e universidades — que normalmente, e com bastante liberdade, misturam inglês com línguas africanas na mesma frase ou na mesma fala[4].

O uso do inglês como meu meio de expressão literária, particularmente no teatro e no romance, sempre me perturbou. Em uma entrevista a um estudante em Leeds, em 1967, e no meu livro *Homecoming* (1969), voltei a essa questão. Mas continuei a tergiversar o assunto. A possibilidade de usar uma língua africana permaneceu apenas no terreno das possibilidades até eu chegar a Kamĩrĩĩthũ.

Foi Kamĩrĩĩthũ que me forçou a recorrer ao gĩkũyũ e, consequentemente, ao que, para mim, equivale a uma "ruptura epistemológica" com meu passado, particularmente na área do teatro. A questão do público resolveu o problema da escolha da língua; e a escolha da língua resolveu a questão do público. Mas nosso uso do gĩkũyũ teve outras consequências em relação a outros problemas teatrais: conteúdo, por exemplo; atores, audições e ensaios, performances e recepção; o teatro como uma linguagem.

*Ngaahika Ndeenda* retrata a proletarização do campesinato numa sociedade neocolonial. Concretamente, mostra a forma como a família Kĩgũũnda — uma família de camponeses pobres, que precisam suplementar sua subsistência na sua área de meio hectare com a venda do seu trabalho — é por fim privada até mesmo desse meio hectare por um consórcio multinacional de industrialistas japoneses e euro-americanos auxiliados por compradores que são proprietários de terra e empresários nativos.

A questão da terra é essencial para a compreensão da história e da política contemporânea do Quênia, como também é na história do século 20 de todo lugar onde o povo tenha tido suas terras tomadas pela conquista, por tratados desiguais ou pelo genocídio de parte da população. A organização militante Mau Mau, que liderou a luta armada pela independência do Quênia, era oficialmente chamada Exército da Terra e da Liberdade do Quênia. A peça *Ngaahika Ndeenda*, em parte, se baseou fortemente na história da luta pela terra e pela liberdade; particularmente no ano de 1952, quando a luta armada liderada por Kĩmathi começou e os governos coloniais britânicos suspenderam todas as liberdades civis com a imposição de um estado de emergência; e no ano de 1963, quando a União Nacional Africana do Quênia (KANU), sob Kenyatta, negociou com sucesso pelo direito de hastear uma bandeira nacional, cantar um hino nacional e convocar o povo a votar por uma assembleia nacional a cada cinco anos. A peça mostrou como aquela independência pela qual milhares de quenianos morreram havia sido sequestrada. Em outras palavras, mostrou a transição do Quênia de uma colônia com os interesses britânicos sendo dominantes para uma neocolônia com as portas abertas para interesses imperialistas maiores, do Japão aos Estados Unidos. Mas a peça também retratou condições sociais contemporâneas, particularmente para trabalhadores em fábricas multinacionais e plantações.

Agora muitos dos trabalhadores e camponeses em Kamĩrĩĩthũ haviam participado da luta pela terra e liberdade, fosse na ala passiva ou ativa da guerrilha. Muitos estiveram nas florestas e montanhas, muitos nos centros de detenção e prisões da colônia; enquanto alguns, é claro, colaboraram com o inimigo britânico. Muitos viram suas casas sendo queimadas; suas filhas sendo estupradas pelos britânicos; suas terras sendo roubadas; seus parentes sendo assassinados. De fato, a própria Kamĩrĩĩthũ era um produto daquela história de luta heroica contra o colonialismo e da subsequente traição com o neocolonialismo. A peça celebrava essa história, ao mesmo tempo que mostrava a unidade e a continuidade dessa luta. Aqui a escolha da língua era crucial. Não havia agora qualquer barreira entre o conteúdo da história daquelas pessoas e o meio linguístico da sua expressão. Uma vez que a peça era escrita numa língua que podiam entender, as pessoas podiam participar de todas as discussões subsequentes sobre o roteiro. Elas discutiam o conteúdo, a linguagem e até mesmo a forma. O processo, particularmente para Ngũgĩ wa Mĩriĩ, Kĩmani Gecaũ e eu, era de aprendizado contínuo. Aprendizado da nossa história. Aprendizado do que é obtido nas fábricas. Aprendizado do que acontece nas fazendas e nas plantações. Aprendizado da nossa língua, pois os camponeses eram essencialmente os guardiões da língua após anos de uso. E um aprendizado do zero dos elementos de forma do teatro africano.

Quais são esses elementos de forma?

Primeiro, a música e a dança. A música e a dança, como já vimos, são centrais para quase todos os rituais que celebram a chuva, o nascimento, o segundo nascimento, a circuncisão, o casamento, os funerais ou qualquer cerimônia comum. Mesmo o falar cotidiano entre os camponeses é intercalado com música. Pode ser uma ou duas frases, um verso ou uma canção inteira. O importante é que a música e a dança não são apenas decorações; são parte integral daquela conversa, daquela bebida, daquele ritual, daquela cerimônia. Em *Ngaahika Ndeenda*, tentamos também incorporar música e dança como parte da estrutura e do movimento dos atores. A música surge do que aconteceu antes e leva ao que se segue. A música e a dança se tornam uma continuação da conversa e da ação. Ilustrarei citando uma longa sequência, cuja ação e movimento no tempo depende de uma série de canções e danças.

A peça abre com Kĩgũũnda e sua esposa, Wangeci, nos preparativos para receber Kĩoi e sua esposa, Jezebel. Kĩgũũnda e Wangeci são uma família de camponeses. Kĩoi e Jezebel são uma família rica de proprietários, com contatos próximos no alto escalão da igreja, dos bancos e da indústria. Kĩgũũnda trabalha para Kĩoi. Mas é a primeiríssima vez que os Kĩoi visitam os Kĩgũũnda e naturalmente Kĩgũũnda e Wangeci tentam decifrar as razões dessa visita. Por que o senhorio faria uma visita a eles? Então, de repente ocorre a Wangeci que talvez os Kĩoi queiram discutir as possibilidades de um casamento entre Gathoni, a filha de Kĩgũũnda, e John Mũhũũni, o filho de Kĩoi. Mũhũũni e Gathoni estão namorando. A ideia é tão absurda que Kĩgũũnda só pode exclamar:

<u>KĨGŨŨNDA</u>
>Vocês, mulheres!
>Estão sempre pensando em casamento!

<u>WANGECI</u>
>Por que não?
>São tempos diferentes do nosso.
>Hoje em dia, eles cantam que o amor não teme nada.
>E, de qualquer forma, você não vê
>Que a sua filha é muito linda?
>Ela é exatamente como eu era antigamente — uma beldade!

<u>KĨGŨŨNDA</u> [*parando de limpar as sandálias de pneu*]
>Você? Uma beldade?

**WANGECI**

Sim. Eu.

**KĨGŨŨNDA**

Você não sabe que foi só
porque eu tive pena de você?

**WANGECI**

Você, que me abordava em tudo quanto era lugar o tempo todo?
De manhã,
De noite,
Quando eu voltava do rio para casa,
Quando eu voltava do mercado para casa,
Ou quando eu voltava para casa do trabalho na fazenda dos colonos?
Não lembra como você suplicava para mim,
Dizendo que nunca na vida tinha visto uma beldade como eu?

**KĨGŨŨNDA** *[voltando no tempo]*

Isso foi bem antes do estado de emergência.
Seus calcanhares cintilavam,
Seu rosto brilhava como a lua cheia à noite,
Seus olhos como as estrelas no céu.
Seus dentes, parecia, eram sempre lavados com leite.
Sua voz soava como um instrumento precioso.
Seus seios eram fartos e pontudos como a ponta do mais afiado espinho.
Quando você passava, parecia que eles assoviavam lindas melodias.

**WANGECI** *[também hipnotizada pelas memórias da sua juventude]*

Naqueles tempos
Nós dançávamos na floresta Kĩneeniĩ.

## KĨGŨŨNDA
Uma dança custava só vinte e cinco centavos.
## WANGECI
Naqueles tempos, não tinha uma única garota de
Ndeiya até Gĩthĩĩga
Que não morreria para dançar com você.
## KĨGŨŨNDA
Você também balançava a sua saia
Até o violonista ser forçado a arrebentar as cordas.
E os violões faziam melodias
Que calavam a floresta inteira,
Fazendo até as árvores escutarem...

*O som dos violões e dos outros instrumentos, como se KĨGŨŨNDA e WANGECI pudessem ouvi-los nas suas memórias. KĨGŨŨNDA e WANGECI começam a dançar. Então são acompanhados pelos violonistas e demais instrumentistas e DANÇARINAS. Elas dançam, KĨGŨŨNDA e WANGECI entre elas.*

*Nyaangwĩcũ, vamos balançar a saia*
*Nyaangwĩcũ, vamos balançar a saia*
*Balança, irmã, colhe essa colheita preciosa.*
*Balança, irmã, colhe essa colheita preciosa.*

*Nyaangwĩcũ se dança com uma perna*
*Nyaangwĩcũ se dança com uma perna*
*A outra é apenas para satisfazer o corpo.*
*A outra é apenas para satisfazer o corpo.*

*Wangeci, a bela*
*Wangeci, a bela*
*Com um corpo esbelto e esguio como o eucalipto.*
*Com um corpo esbelto e esguio como o eucalipto.*

*Wangeci, a pequena donzela*
*Wangeci, a pequena donzela*
*Quando a vejo não consigo caminhar.*
*Quando a vejo não consigo caminhar.*

*Wangeci, vamos cultivar o pomar*
*Wangeci, vamos cultivar o pomar*
*Esse pomar que pertence a Kĩgũũnda wa Gathoni.*
*Esse pomar que pertence a Kĩgũũnda wa Gathoni.*

*Wangeci, mãe nossa, nos recusamos agora*
*Wangeci, mãe nossa, nos recusamos agora*
*A ser escravos na nossa casa.*
*A ser escravos na nossa casa.*

*Quando isso termina, WANGECI diz: "Ah, a minha preferida era Mwomboko", e KĨGŨŨNDA responde: "Ah, naqueles dias nós rasgávamos o lado direito ou o esquerdo das calças do joelho para baixo. Aquelas eram as nossas bocas de sino para dançar Mwomboko". Agora, os violonistas e os acordeonistas começam a tocar. Os DANÇARINOS de Mwomboko entram. KĨGŨŨNDA e WANGECI os conduzem na dança Mwomboko. Violões, argolas e acordeões são tocados vigorosamente e os pés dos dançarinos fazem floreios.*

*A dança Mwomboko não é difícil,*
*São só dois passos e um giro.*
*Vou te balançar tão bonito que,*
*Com a sua mãe no campo,*
*Com seu pai numa cervejada,*
*Você vai me dizer onde o seu pai guarda a bolsa.*
    *Cuide de mim*
    *Eu cuido de você*
    *Os problemas nós resolvemos com piadas.*

*Limuru é meu lar*
*Eu vim aqui para vagabundear*
*Wangeci, minha garota*
*Seja assim como você é*
*E não coloque fricotes*
*No seu jeito de andar*
    *Cuide de mim*
    *Eu cuido de você*
    *Os problemas nós resolvemos com piadas.*
*Este é o seu lugar*
*Famoso pelas bananas maduras*
*Vou cantar para você até você chorar*
*Ou se não chorar*
*Você vai estar tão cheia de sentimentos*
*Que vai tirar a vida.*
    *Cuide de mim*
    *Eu cuido de você*
    *Os problemas nós resolvemos com piadas*
*Destilei bebida para você*
*E agora você se voltou contra mim!*
*Um aleijado frequentemente se volta contra seus benfeitores*
*Nosso filho de Gathoni*
*A boa sorte, inesperadamente, encontrou Wacũ no campo.*
*E ela sentou pra fazer a festa.*
    *Cuide de mim*
    *Eu cuido de você*
    *Os problemas nós resolvemos com piadas*
*Você tomou umas a mais*
*Ou está simplesmente bêbada*
*Não vou dizer nada,*
*Ah, Wangeci, minha frutinha,*
*Quando os sete anos se passarem...*

*As vozes dos homens e o som dos violões, acordeões e outros instrumentos param abruptamente. Os DANÇARINOS deixam o palco. KĨGŨŨNDA e WANGECI permanecem paralisados no ato de dançar. KĨGŨŨNDA balança a cabeça como se ainda estivesse absorto nas memórias do passado. Eles se afastam lentamente.*

### KĨGŨŨNDA

>Ah, os sete anos nem tinham se passado
>Quando começamos
>A cantar novas músicas com novas vozes,
>Músicas e vozes pedindo
>Liberdade para o Quênia, nossa pátria.

*Uma procissão entra no palco cantando músicas de liberdade.*

>*Liberdade*
>*Liberdade*
>*Liberdade para o Quênia nossa pátria*
>
>*Uma terra de alegria irrestrita*
>*Uma terra rica de verdes campos e florestas*
>*Quênia é o país de um povo africano.*
>
>*Não nos importamos em ser presos*
>*Não nos importamos em ser exilados*
>*Pois nunca vamos parar*
>*De nos agitar e exigir nossas terras de volta*
>*Pois Quênia é o país de um povo africano...*

*Quando os CANTORES deixam o palco, WANGECI é quem passa a rememorar coisas do passado:*

### WANGECI

Eu mesma sempre lembro
Das mulheres Olengurueni,
As que foram expulsas das suas terras na região de Nakuru
Para serem exiladas em Yatta, a terra das pedras negras.
Elas passaram por Limuru
Enjauladas com arame farpado na caçamba de vários caminhões.
Mas elas ainda cantavam músicas
Com palavras que perfuravam o coração como uma lança.
As músicas eram tristes, verdadeiras,
Mas as mulheres eram completamente destemidas
Pois tinham fé e certeza que
Um dia esse solo retornará a nós

*Uma procissão de* CANTORAS *entra no palco, cantando.*

> *Orai em Verdade*
> *Rogai a Ele com a Verdade*
> *Pois ele é o mesmo Ngai dentro de nós.*
> *Uma mulher morreu*
> *Depois de ser torturada*
> *Porque se recusou a trair a causa.*

> *Orai em Verdade*
> *Rogai a Ele com a Verdade*
> *Pois ele é o mesmo Ngai dentro de nós.*
> *Um grande amor encontrei aqui*
> *Entre mulheres e crianças*

*Um feijão caiu no chão*
*E foi compartilhado entre elas.*
    *Orai em Verdade*
    *Rogai a Ele com a Verdade*
    *Pois ele é o mesmo Ngai dentro de nós.*

As CANTORAS *deixam o palco.*

### KĨGŨŨNDA

Foi então
Que declararam estado de emergência no Quênia.
Nossos patriotas,
Homens e mulheres de
Limuru e de todo o país,
Foram presos!
As leis de emergência se tornaram muito repressivas.
Nossas casas foram incendiadas.
Nos colocaram na cadeia,
Nos levaram a campos de detenção,
Alguns ficaram aleijados com os espancamentos.
Outros foram castrados.
Nossas mulheres foram estupradas com garrafas.
Nossas esposas e filhas estupradas na nossa frente!
*[Emocionado com as amargas lembranças, kĩgũũnda para por alguns segundos]*
Mas pelo Mau Mau
Liderado por Kĩmathi e Matheenge,
E pela união organizada das massas
Vencemos os brancos
E a liberdade veio...
Hasteamos bem alto a nossa bandeira nacional.

*Uma procissão jubilante de homens, mulheres e crianças entra no palco cantando músicas e dançando em louvor à liberdade.*

> *É uma bandeira de três cores*
> *Levantem a bandeira ao alto*
> *Verde é pela nossa terra*
> *Levantem a bandeira ao alto*
> *Vermelho é pelo nosso sangue*
> *Levantem a bandeira ao alto*
> *Preto é pela África*
> *Levantem a bandeira ao alto*

*[Eles mudam para uma nova música e dança]*

### SOLISTA
> *Grandes, os nossos patriotas por mim...*
> *De onde vieram os brancos?*

### CORO
> *De onde vieram os brancos?*
> *De onde vieram os brancos?*
> *Vieram de Mũrang'a,*
> *E passaram a noite na casa de Waiyaki,*
> *Se quiser saber por que esses estrangeiros não prestavam,*
> *Pergunte a si mesmo:*
> *Onde está o túmulo de Waiyaki hoje?*
> *Precisamos proteger nossos patriotas*
> *Para que não tenham o destino de Waiyaki.*

### SOLISTA
> *Os patriotas de Kimathi são bravos*
> *De onde vieram os brancos?*

*[Eles seguem cantando enquanto saem do palco]*

## KĨGŨŨNDA
Como o tempo voa!

Quantos anos se passaram

Desde que conquistamos a independência?

Mais de dez,

É um bocado de anos!

E olhe para mim agora!

*[KĨGŨŨNDA olha para si, aponta para o documento de propriedade da terra e se aproxima dele]*

Pouco mais de meio hectare numa planície seca.

A terra da nossa família foi entregue às milícias do governo.

Hoje, sou só um peão

Nas fazendas de Aham Kĩoi wa Kanoru.

Minhas calças são puro trapo

Olhe só você.

Veja o que anos de liberdade na pobreza

Fizeram com você!

A pobreza derrubou seu esplendor de antes,

A pobreza cavou valas no seu rosto,

Seus calcanhares agora estão todos rachados,

Seus seios caíram,

Não têm mais onde se agarrarem

Você agora parece um cesto velho

Que perdeu toda a forma.

## WANGECI
Pare com isso, você.

Não ouviu falar no ditado

As cores da flor são roubadas pelo fruto que ela dá!

*[Mudando o tom da voz]*

> Pare com essa mania de pensar tanto assim no passado.
> Várias vezes perdendo o sono com coisas que é
> melhor esquecer.
> Pense no hoje e no amanhã.
> Pense na nossa casa.
> A pobreza não tem raízes permanentes!
> A pobreza é uma espada para afiar as estacas...
> [Ela para, como se estivesse distraída por um novo pensamento]
> Me diga:
> O que Kĩoi e a família dele
> Querem com a gente hoje?[5]

Como podem ver, a sequência começa com o porquê da visita de Kĩoi, passa por toda a história da luta armada dos anos 50, incluindo a conquista de uma bandeira nacional, e volta ao porquê da visita. De fato, em *Ngaahika Ndeenda*, o passado e o futuro são frequentemente recriados através de música, dança e mímica.

A mímica, na verdade, é o outro elemento mais importante de forma. O melhor exemplo é a cerimônia de casamento na igreja de Kĩgũũnda. Essa sequência abre com Kĩgũũnda e Wangeci, que admiram seus trajes de casamento após serem persuadidos a hipotecar a sua terra a um banco para terem os meios de financiar a renovação do seu casamento na igreja, uma vez que seu casamento africano é considerado pelos Kĩoi como pecaminoso e ilegítimo. Eles provam as roupas e, com mímica, música e dança, passam por todo o exercício, culminando no corte de um bolo imaginário de cinco andares.

Essa sequência de mímica também é uma boa ilustração de cerimônia, mas nesse caso esvaziada de sua grandeza e dignidade. A cerimônia cristã é imposta externamente e carece dos símbolos apropriados enraizados no solo. Torna-se uma caricatura das tradições nacionais de cerimônia. Isso é contrastado com a sequência ngurario, onde, por meio da ópera *Gĩtiiro*, a dignidade de uma cerimônia nacional é recriada.

Quando se tratava de música, dança e cerimônia, os camponeses, que obviamente sabiam tudo sobre isso, eram exigentes quanto à precisão dos detalhes. A abordagem deles era muito séria.

Eles também eram exigentes quanto à linguagem que, é claro, é outro elemento de forma. Tomaram cuidado para que os vários personagens, dependendo da idade e da ocupação, tivessem a linguagem apropriada. "Um homem velho não pode falar assim", eles diziam. "Se você quer que ele tenha dignidade, ele tem que usar esse ou aquele tipo de provérbio". Os níveis de linguagem, o uso da linguagem e as nuances das palavras foram objeto de acalorada discussão.

Mas o que dá a qualquer forma solidez, caráter especial e formato é o conteúdo. Isso é ainda mais verdadeiro no drama. O drama está mais próximo da dialética da vida que a poesia e a ficção. A vida é movimento que surge da inerente contradição e união de opostos. O homem e a mulher se encontram numa dança conjunta de opostos, da qual sai uma vida humana separada dos dois progenitores, mas incorporando características de ambos, de tal forma que, com um olhar, reconhecemos que um é produto de outro. O crescimento dessa vida depende da morte de algumas células e do nascimento de outras. A própria vida social surge da contradição entre o homem e a natureza. Mas o homem é parte da natureza. Karl Marx disse: "O homem se defronta com a natureza como uma das suas forças. Põe em movimento as forças naturais do seu corpo, braços e pernas, cabeça e mãos, a fim de se apropriar dos recursos da natureza, imprimindo-lhes forma útil à vida humana. Ao atuar sobre a natureza externa e modificá-la, ele, ao mesmo tempo, modifica sua própria natureza"[6]. O drama encerra em si esse princípio da luta dos opostos que gera movimento. Há nele um movimento que vem da aparente harmonia, de uma forma de repouso, desde o conflito para uma resolução cômica ou trágica desse conflito. Terminamos com a harmonia em um nível diferente, uma forma de repouso temporário, que, é claro, é o começo de outro movimento. O equilíbrio das ideias e forças sociais opostas, de todas as forças em conflito, é importante para criar a forma do drama e do teatro.

A maior exigência dos participantes era em relação à representação da história, a sua história. Rapidamente apontavam e argumentavam contra qualquer posicionamento ou representação incorreta das várias forças — até mesmo as forças do inimigo — em ação na luta contra o imperialismo. Eles comparavam anotações das suas próprias experiências reais, fosse na fabricação de armas nas florestas, no roubo de armas do inimigo britânico, no transporte de munição através das linhas inimigas ou nas diversas estratégias de sobrevivência. Terra e liberdade. Independência econômica e política. Esses eram os objetivos da sua luta, e não queriam que *Ngaahika Ndeenda* os distorcesse. Quem fez as armas de imitação para a peça em Kamĩrĩĩthũ foi a mesma pessoa que fazia armas de verdade para as guerrilhas Mau Mau nos anos 50. Os trabalhadores queriam muito que os detalhes da exploração e as terríveis condições de vida nas fábricas multinacionais fossem postos às claras. Lembro, por exemplo, como um grupo que trabalhou num departamento específico da fábrica de calçados Bata da região sentou para calcular o processo e a quantidade da sua exploração, a fim de explicar tudo para aqueles, entre nós, que nunca haviam trabalhado numa fábrica. Num único dia eles faziam calçados no valor de todos os salários mensais de uma força de trabalho de três mil pessoas. Então trabalhavam para si próprios por um dia. Para quem trabalhavam nos outros vinte e nove? Calcularam o *quê* daquilo que eles produziam iria para os danos ao maquinário e para a quitação do capital inicial. E, pelo fato da empresa estar lá desde 1938, deduziram que o investimento inicial já havia sido quitado há bastante tempo. Para quem era enviado o resto? Para os donos no Canadá. E quanto às habilidades empreendedoras — a cabeça pensante — que regulava todo o sistema sentada num escritório em Nairóbi ou longe dali, no Canadá? E quanto ao acionista, cujo dinheiro fazia todo o sistema funcionar? Pois então. Eles jamais haviam visto aquela cabeça pensante ou aquele acionista erguer um martelo para fazer um sapato. Se podiam fazer armas e organizar fábricas de munição nas duras condições das florestas e montanhas sem a cabeça pensante e o dinheiro de qualquer acionista do exterior, não poderiam administrar uma fábrica de sapatos? A discussão seguiria. Logo, eram muito claros em relação ao trabalho, o seu trabalho, sendo o criador de riqueza. Mas o que esse trabalho rendia a cada quinzena ou a cada mês? Uma ninharia! E o pior, as pessoas de fato morriam nessas fábricas. Sabiam disso? As pessoas morrem, pessoas morreram. "Vamos contar... Esse e aquele outro...!". Me lembro de uma pessoa que tirou a camisa para mostrar a evidência. Seu corpo era todo queimado. "Os gases", ele disse. "E o que eu recebi de compensação? Demissão. Fui mandado embora sem nem mesmo um relógio pela minha dedicação no serviço".

Os detalhes da luta entre o capital e o trabalho, que é descrita num longo monólogo dramático por um dos personagens trabalhadores, Gĩcaamba, foram tratados em discussões. O fundamental, no monólogo de Gĩcaamba explicando a Kĩgũũnda que os trabalhadores não estavam necessariamente em condições melhores que os camponeses, que tanto o trabalhador quanto o camponês sofrem pelo mesmo sistema de imperialismo capitalista, era a questão assumida pela luta entre capital e trabalho no século 20:

> Ter fábricas e até mesmo grandes indústrias
> É bom, muito bom!
> É um meio de desenvolver o país.
> A questão é essa: quem é dono das indústrias?
> Os filhos de quem são beneficiados pelas indústrias?

O conteúdo da peça fazia muitas perguntas sobre a natureza da sociedade queniana e isso gerou cada vez mais discussões acaloradas em relação à forma e ao conteúdo durante todo o período de evolução da peça. Às vezes elas envolviam não apenas os participantes, mas também o círculo cada vez mais amplo do público.

As audições e os ensaios, por exemplo, eram abertos. Devo dizer que fomos inicialmente obrigados a isso pelo espaço vazio, mas também foi parte de uma crescente convicção de que uma participação democrática, mesmo na solução de problemas artísticos, ainda que parecesse demorada e caótica às vezes, produzia resultados de um alto mérito artístico e forjava um espírito comunitário numa comunidade de trabalhadores da arte. Doutores da universidade de Nairóbi: doutores da universidade da fábrica e da plantação: doutores da "universidade das ruas" de Gorki — o valor de cada pessoa era julgado pelo grau de contribuição que cada uma dava para o esforço coletivo. As audições e os ensaios abertos, com todos vendo os elementos que iam na formação de um todo, teve o efeito de desmistificar o processo teatral.

No teatro com o qual eu estava acostumado na escola, na universidade e nos círculos amadores, os atores ensaiavam mais ou menos em sigilo e então desabrochavam numa perfeição finalizada diante de um público desavisado que ficava, é claro, surpreso com invejosa admiração: ah, quanta perfeição, quanto talento, quanta inspiração — eu certamente jamais poderia fazer algo assim! Tal teatro é parte do sistema geral de educação burguesa que pratica a educação como um processo de enfraquecimento das pessoas, de fazer com que elas creiam que não são capazes disso ou daquilo — ah, para isso, tem que ser um crânio! Em outras palavras, a educação como um meio de mistificar o conhecimento e consequentemente a realidade. A educação, longe de dar às pessoas confiança nas suas habilidades e capacidades de superar obstáculos ou se tornarem senhoras das leis que regem a natureza externa como seres humanos, tende a fazer com que sintam suas inadequações, suas fraquezas e suas incapacidades diante da realidade; e sua inaptidão para fazer qualquer coisa em relação às condições que governam suas vidas. Elas se tornam cada vez mais alienadas de si próprias e do seu meio natural e social. A educação como um processo de alienação produz uma galeria de estrelas ativas e uma massa indiferenciada de admiradores agradecidos. Os deuses do Olimpo da mitologia grega ou os audazes cavaleiros da Idade Média renascem no século 20 como superastros da política, da ciência, do esporte, do cinema; belos realizadores ou heróis, com pessoas comuns que os assistem com passividade, gratidão, admiração.

Kamĩrĩĩthũ era o oposto disso. A experiência de Kamĩrĩĩthũ era parte da educação como um processo de desmistificar o conhecimento e consequentemente a realidade. As pessoas podiam ver como os atores evoluíam de um período em que mal conseguiam mexer as pernas ou dizer suas falas para um período em que conseguiam falar e se movimentar pelo palco como se tivessem nascido dizendo aquelas falas ou se movimentando naquele palco. Algumas pessoas foram de fato recrutadas para o elenco depois de intervirem para mostrar como esse ou aquele personagem deveria ser retratado. O público as aplaudiu para que continuassem fazendo o papel. A perfeição era, portanto, demonstrada como sendo um processo, um processo social histórico mas, ainda assim, admirado. Ao contrário, elas se identificaram ainda mais com aquela perfeição, pois era um produto de si próprios e da sua contribuição coletiva. Era uma elevação delas próprias enquanto comunidade.

A pesquisa para o roteiro de *Ngaahika Ndeenda*, a escrita do esboço, as leituras e as discussões sobre ele, as audições e os ensaios e a construção do teatro ao ar livre levaram ao todo cerca de nove meses — de janeiro a setembro de 1977. As leituras, as discussões e os ensaios foram programados para entrar no ritmo da vida das pessoas. Assim, eram marcados às vezes para as tardes de sábado, mas sempre nas tardes de domingo. Até a tarde de domingo foi escolhida para que o teatro de Kamĩrĩĩthũ não interferisse nas idas à igreja pelas manhãs.

Os resultados de todo esse esforço para desenvolver uma linguagem autêntica do teatro africano se tornaram óbvios quando a peça estreou para o público pagante em 2 de outubro de 1977. Mais uma vez, as apresentações foram programadas para as tardes de domingo. As noites teriam sido frias demais para todo mundo. *Ngaahika Ndeenda* foi um sucesso imediato, com pessoas vindo de longe, até mesmo alugando ônibus e táxis, para ver o espetáculo. O teatro se tornou o que sempre havia sido: parte de um festival coletivo. Algumas pessoas sabiam as falas quase tão bem quanto os atores e sua alegria estava em ver as variações dos atores em diferentes ocasiões para diferentes públicos. Havia identificação com os personagens. Algumas pessoas se chamavam pelos nomes dos seus personagens camponeses ou trabalhadores preferidos, como Kĩgũũnda, Gĩcaamba, Wangeci e Gathoni. Mas também usavam os nomes de personagens, como Kĩoi, Nditika, Ikuua e Ndugĩre, para se referir àqueles, dentro e fora da vila, que tinham tendências antipopulares. A linguagem de *Ngaahika Ndeenda* estava se tornando parte do vocabulário cotidiano e das referências do povo. Houve alguns momentos emocionantes. Lembro de um domingo em que choveu e as pessoas correram para os abrigos mais próximos sob as árvores ou telhados. Quando a chuva parou e todos os atores retornaram, o auditório estava tão cheio quanto antes. A apresentação foi interrompida mais ou menos três vezes naquela tarde, mas o público não arredava o pé. A identificação do povo com Kamĩrĩĩthũ estava completa agora.

Mais tarde, ele seria mandado embora não pela chuva, não por nenhum desastre natural, mas pelas medidas autoritárias de um regime antipopular. Em 16 de novembro de 1977, o governo do Quênia proibiu apresentações públicas de *Ngaahika Ndeenda* por meio do simples ato de revogar a licença para qualquer "reunião" no centro. Eu mesmo fui preso em 31 de dezembro de 1977 e passei todo o ano de 1978 numa prisão de segurança máxima, detido sem nem ao menos ter o dúbio benefício de um julgamento. Eles estavam tentando interromper o surgimento de uma linguagem autêntica de teatro queniano.

Mas esse não foi o fim da busca de Kamĩrĩĩthũ por uma linguagem autêntica de teatro africano na forma e no conteúdo.

Em novembro de 1981, eles se reuniram para outro empreendimento, a produção de *Maitũ Njugĩra*. As audições foram marcadas para 7, 14 e 15 de novembro de 1981, quase como se Kamĩrĩĩthũ retornasse à busca exatamente na mesma data que havia sido interrompida. Narrei o destino dessa segunda produção no meu livro *Barrel of a pen: resistance to repression in neo-Colonial Kenya*. Aqui irei simplesmente salientar que todos os elementos do teatro desenvolvido em 1977 foram empregados e ampliados ainda mais. *Maitũ Njugĩra* retratava a heroica luta dos trabalhadores quenianos contra a fase inicial da acumulação "primitiva" do imperialismo capitalista, com o confisco de terras, o trabalho forçado na mesma terra roubada e a pesada taxação para financiar o seu desenvolvimento em plantações dirigidas por colonos.

Dança, mímica e música foram mais prevalentes que as palavras ao contar essa história de repressão e resistência. As imagens visuais e sonoras carregavam o fardo da narrativa e da análise. Slides também foram introduzidos para dar imagens visuais autênticas do período dos anos 20 e 30. Em cada etapa da sua evolução, mais pessoas de muitas das nacionalidades do Quênia se envolveram. *Maitũ Njugĩra*, uma peça dramática musical, tinha mais de oitenta canções de mais de oito nacionalidades do Quênia, todas retratando a alegria, a tristeza, as conquistas, as perdas, a unidade, as divisões e a marcha adiante, assim como os revezes, nas lutas do povo queniano.

Kamĩrĩĩthũ estava pronto para encenar o drama musical no Teatro Nacional do Quênia em 19 de fevereiro de 1982, após mais de dez semanas de árduo trabalho por aquilo que se tornara agora uma aliança importante de todas as nacionalidades de trabalhadores, camponeses, professores e alunos progressistas. Ao se apresentar em tal teatro, a aliança enfatizaria que uma linguagem autêntica do teatro africano, não importava em qual idioma africano específico ela se expressasse, se comunicaria com pessoas de todas as nacionalidades. Também provaria que essa tendência tinha o apoio do povo queniano de todas as nacionalidades. Onde mais provar isso do que nas instalações do chamado Teatro Nacional do Quênia? Foi agendado para ficar em cartaz por um período de tempo recorde, embora fosse fora da temporada de teatro, no início do ano após o Natal.

Os camponeses e trabalhadores estavam prestes a levar o teatro nacional à capital. Mas não foi o que aconteceu. Dessa vez as autoridades sequer tiveram a dignidade de emitir uma licença, dando instruções à administração para que trancassem as portas, com a polícia sendo enviada para garantir a paz e a segurança pública. Nossas tentativas para continuar fazendo ensaios abertos no recinto da universidade — o famoso Teatro Educacional II — foram novamente frustradas após uns dez desses ensaios terem sido acompanhados por cerca de dez mil pessoas! As autoridades da universidade foram instruídas a trancar as portas do Teatro Educacional II. Isso foi em 25 de fevereiro de 1982. Em 11 de março de 1982, o governo proibiu o Centro Educacional e Cultural da Comunidade de Kamĩrĩĩthũ e baniu todas as atividades teatrais em toda a área. Um governo queniano "independente" seguira os passos dos seus antecessores coloniais: baniu todas as bases camponesas e trabalhadoras das tradições nacionais de teatro legítimas. Mas dessa vez o regime neocolonial se superou. Em 12 de março de 1982, foram enviados três caminhões cheios de policiais para o Centro Educacional e Cultural da Comunidade de Kamĩrĩĩthũ, os quais colocaram abaixo o teatro ao ar livre. Ao fazer isso, eles asseguraram a imortalidade das experiências de Kamĩrĩĩthũ e a busca por uma linguagem de teatro africano baseada em camponeses e trabalhadores.

Um teatro coletivo, ou o que Boal chamou de um "teatro do oprimido", foi produzido por uma série de fatores: um conteúdo com o qual as pessoas podiam se identificar transmitido numa forma que podiam reconhecer; a participação delas na própria evolução por meio das etapas de pesquisa, isto é, pela coleta de matéria-prima, como os detalhes das condições de trabalho nas fábricas e empresas; a coleta de antigas canções e danças como *Muthirigu*, *Mucung'wa* e *Mwomboko* e formas operísticas como *Gĩtiiro*, etc.; a participação delas através da discussão dos roteiros e, portanto, do conteúdo e da forma; através das audições e dos ensaios públicos; e, é claro, através das apresentações. A linguagem real do teatro africano está presente nas lutas dos oprimidos, pois é dessas lutas que uma nova África está nascendo. Os camponeses e trabalhadores da África estão construindo um amanhã a partir de um presente de labuta e tumulto. A linguagem autêntica do teatro africano deve refletir isso, mesmo que tenha nascido dessa mesma labuta e tumulto. Tal teatro suscitará uma resposta nos corações e nas vidas dos participantes, e mesmo nos corações daqueles que vivem fora do meio imediato da sua operação e existência física.

Uma pessoa de setenta anos que participou disso, Njoki wa Njĩkĩra, foi entrevistada na edição do jornal queniano The Daily Nation de sexta-feira, 22 de janeiro de 1982:

> "Quando o grupo de teatro de Kamĩrĩĩthũ começou", Njoki disse, "nós, velhos, descobrimos que podíamos ser úteis ao ensinar aos jovens algumas coisas que eles não conheciam. Eu senti que estava fazendo algo importante para a nação ao ensinar as canções que usamos em *Ngaahika Ndeenda*, e é por isso que eu estou envolvida com *Maitũ Njugĩra*" (...) Para Njoki, a experiência com *Ngaahika Ndeenda* mostrou como a história pode ser trazida à tona por meio da dramaturgia para que "as crianças possam conhecer como era o passado, para que assim possam ajudar a construir uma sociedade saudável. A nova peça, *Maitũ Njugĩra*, é igualmente importante, porque pouquíssimos quenianos hoje em dia sabem como era ser colonizado nos anos 30, que é o tema da peça"[8].

Sentimentos similares foram expressos por todos os outros entrevistados na mesma edição e por outros entrevistados no The Standard de sexta-feira, 29 de janeiro de 1982. Wanjirũ wa Ngigĩ, uma jovem secretária e mãe de duas crianças, resumiu tudo:

> Durante o ensaio, até o momento, eu descobri tanta coisa que não sabia sobre a minha própria história. Posso dizer com segurança que sei e ainda estou aprendendo muito mais sobre a minha própria cultura. Saber mais sobre o meu passado me tornou mais sensível sobre a minha situação atual e a situação do meu futuro e do futuro dos meus filhos[9].

No seu curto período de existência física, Kamĩrĩĩthũ teve um efeito no movimento do teatro africano anteriormente apresentado neste capítulo. Houve a movimentação rumo ao povo e a gradual mas crescente confiança nas línguas do povo e no seu uso no teatro. Houve também o surgimento de festivais culturais com base no povo, como o Vihiga Cultural Festival, no oeste do Quênia, realizado anualmente. Não eram uma cópia de Kamĩrĩĩthũ, mas foram inspirados por uma necessidade semelhante de renascimento da cultura queniana, que seria alcançado ao voltar às raízes do seu ser nas vidas e línguas do povo. A destruição de Kamĩrĩĩthũ foi assim muito mais que uma destruição de um teatro ao ar livre. Na sua busca por uma linguagem autêntica de teatro africano, Kamĩrĩĩthũ deu uma forma palpável para uma visão do futuro do Quênia — um Quênia para quenianos, um Quênia autossuficiente para um povo autossuficiente, uma visão que incorporava um ethos comunal de democracia e independência. Essa visão era diametralmente oposta à subserviência aos interesses dos Estados Unidos e do imperialismo ocidental, representados pelo regime neocolonial tanto de Kenyatta e Moi, incorporado agora no slogan do Nyayoísmo, que significa "siga os meus passos".

Houve uma reviravolta interessante na história de Kamĩrĩĩthũ. Em fevereiro de 1984, o presidente Moi fez uma "visita surpresa" a Kamĩrĩĩthũ e derramou lágrimas com a pobreza que viu ao redor do centro: como seres humanos poderiam viver nessas condições? Num "impulso", num ato "não ensaiado" de generosidade "pessoal", ele fez lá mesmo uma doação para a construção de um instituto politécnico onde antes ficava o teatro ao ar livre. Não houve qualquer menção ao Centro Educacional e Cultural da Comunidade de Kamĩrĩĩthũ. Mas as pessoas não foram enganadas. Um instituto politécnico era o que queriam construir. Aceitariam um construído pelo governo porque, afinal de contas, era o dinheiro deles. Mas o regime tinha outras expectativas. Pelo seu ato arbitrário de destruição do Kamĩrĩĩthũ Theatre, em 1982, mostrara a sua face antipopular e neocolonial e se tornara ainda mais distante do povo. Sua intensificada repressão dos quenianos em 1982 — através de detenções sem julgamentos ou de prisões por acusações forjadas, particularmente de professores e alunos de universidades — não melhorou a sua imagem, e seu distanciamento do povo se tornou ainda maior. Ele esperava que as pessoas esquecessem a visão alternativa, ainda que não realizada, mas personificada na experiência de Kamĩrĩĩthũ. Não poderiam permitir que Kamĩrĩĩthũ virasse um santuário revolucionário. Precisavam ensinar às pessoas as virtudes da subserviência e da gratidão a uma galeria de astros.

Mas é possível matar uma ideia? É possível destruir um santuário revolucionário já sacramentado no espírito revolucionário de um povo?

Eu estava na Europa em junho de 1982 quando ouvi a notícia: o Dr. Kĩmani Gecaũ, diretor do Departamento de Literatura, diretor de *Ngaahika Ndeenda* em 1977 e codiretor, com Waigwa Wachiira, de *Maĩtũ Njugĩra* em 1981-82, tinha fugido para o Zimbábue. Ngũgĩ wa Mĩriĩ, um trabalhador dos mais dedicados e infatigáveis pela causa de um povo e o coordenador do Centro Educacional e Cultural da Comunidade de Kamĩrĩĩthũ, também teve que fugir poucas horas antes da chegada de pessoas com um mandado de prisão e possível detenção. Eles estavam ajudando a montar centros culturais em zonas rurais e, em 1983, produziram *The trial of Dedan Kĩmathi* na língua xona. Foram nos mesmos meses de junho e julho de 1982 que, quando eu estava para retornar ao Quênia, recebi mensagens desesperadas de diferentes direções: havia ordens para que eu fosse preso e detido sem julgamento ao aterrissar no aeroporto Jomo Kenyatta em Nairóbi. Não deveria postergar a minha volta? Foi o que fiz, e venho contando a história de Kamĩrĩĩthũ sempre que tenho a oportunidade, onde quer que seja. Pois, em um nível pessoal, ela mudou minha vida.

Isso me levou à prisão, sim; fez com que eu fosse proibido de lecionar na Universidade de Nairóbi, sim; e agora me levou ao exílio. Mas, como um escritor, também me fez enfrentar toda a questão da linguagem do teatro africano — que, então, me levou a enfrentar a linguagem da ficção africana.

## NOTAS

1. **Ver também:** Ngũgĩ wa Mĩrĩĩ. *On literary content.* artigo n. 340, IDS, Nairóbi, abril de 1979. Nele, o autor situa sua discussão do conteúdo literário no Centro Educacional e Cultural da Comunidade de Kamĩrĩĩthũ numa análise de classe da comunidade do vilarejo.

2. **Jomo Kenyatta,** *Facing Mount Kenya.* Londres: 1938.

3. **Devo a Wasambo Were** a comparação entre *O espaço vazio*, do título de Peter Brook, e a prática da literatura africana durante uma discussão que tive com ele sobre o teatro no Quênia em 1983, na cidade de Londres.

4. **Comparar também com** *O leão e a joia*, de Wole Soyinka, a conversa entre Lakunle, o professor escolar que cita abusos do dicionário Oxford, e Sidi, a mulher analfabeta da vila que supostamente fala iorubá. Em que língua Lakunle está falando: iorubá ou inglês? E quanto a Sidi? No texto, ambos falam inglês, é claro.

5. **Ngũgĩ e Ngũgĩ,** *I will marry when I want.* Nairóbi, Londres: 1982, p. 21-29.

6. **Karl Marx,** *O capital*, v. 1.

7. **Ngũgĩ e Ngũgĩ,** *I will marry when I want.* Nairóbi, Londres: 1982, p. 39.

8. ***Daily Nation,*** 22 de janeiro de 1982.

**9.** ***The Standard,*** 29 de janeiro de 1982. Os dois artigos do The Daily Nation e do The Standard trazem vários outros comentários e citações diretas de participantes que dão uma visão sobre a base popular do teatro.

A MAIOR ARMA, EMPUNHADA E LANÇADA DIARIAMENTE PELO IMPERIALISMO, É A BOMBA CULTURAL.

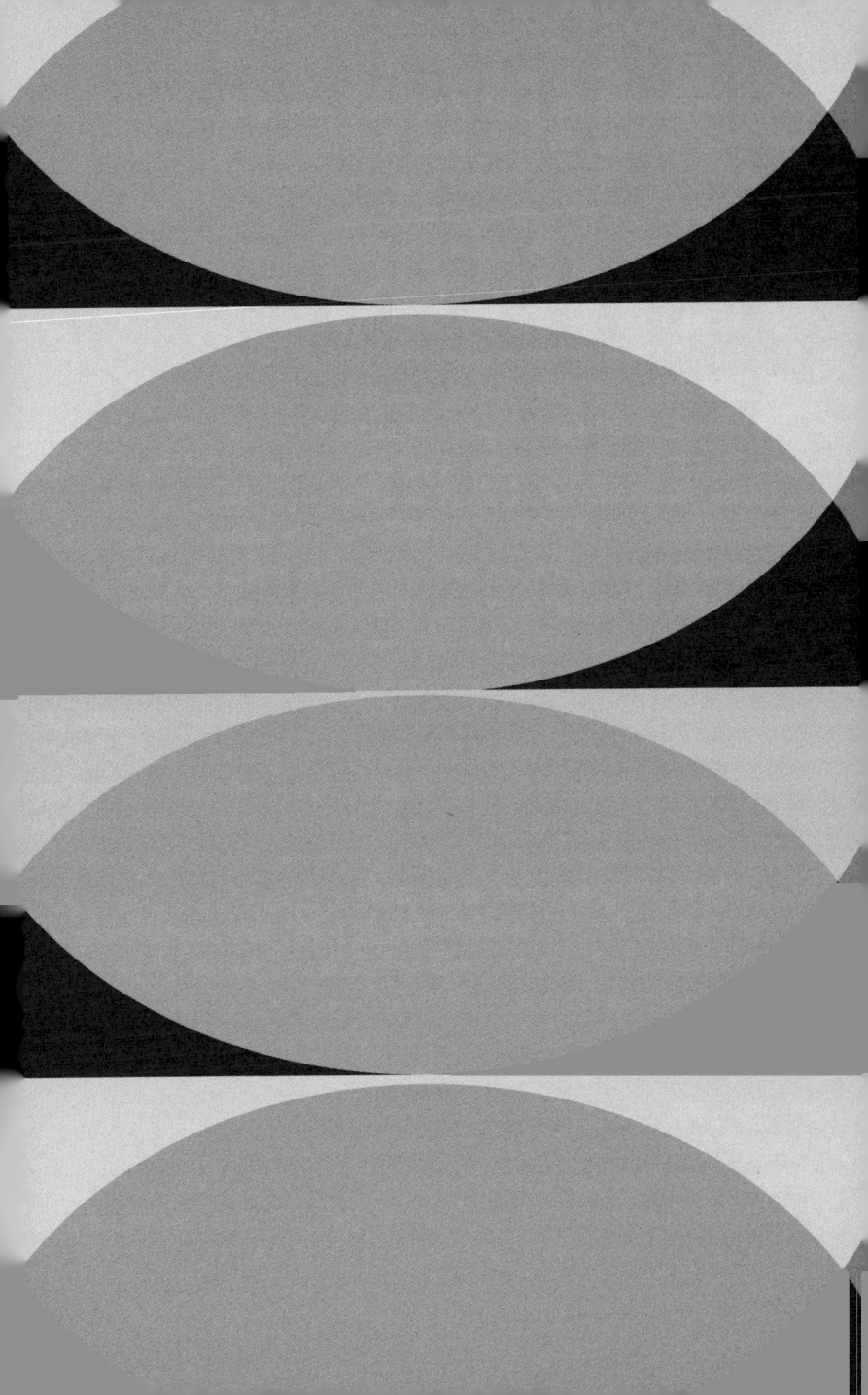

# 3 A LINGUAGEM DA FICÇÃO AFRICANA

Um dos meus livros, *Detained*, tem o subtítulo *A writer's prison diary*. Por que o diário de um escritor na prisão? Porque o tema principal foi o processo de escrever um romance sob as condições do cárcere. *Caitaani Mũtharabainĩ* foi publicado pela Heinemann em 1980 e foi o primeiro romance do seu tipo em escopo e tamanho na língua gĩkũyũ.

Ao discutir a linguagem da ficção africana, irei me basear muito na minha experiência escrevendo *Caitaani Mũtharabainĩ* e espero que, no processo, consiga demonstrar as questões maiores e os problemas da existência, das origens, do crescimento e do desenvolvimento do romance africano.

No momento da minha prisão na minha casa, no dia 31 de dezembro de 1977, eu era, além de um participante ativo no teatro do Centro Educacional e Cultural da Comunidade de Kamĩrĩĩthũ, diretor do departamento de literatura da Universidade de Nairóbi e professor associado. Me lembro da minha última aula. Foi para os meus alunos do terceiro ano. "Ano que vem", disse a eles, ao partir, "quero tentar uma análise em classe da ficção de Chinua Achebe, desde *O mundo se despedaça* até *Girls at war*. Quero especificamente traçar o desenvolvimento da classe mensageira do seu princípio como mensageiros, funcionários, soldados, policiais, catequistas e capatazes de fato no colonialismo, como observado em *O mundo se despedaça* e *A flecha de Deus*, à sua posição como os estudados 'retornados' de *A paz dura pouco*; à sua ascensão e ao seu exercício de poder em *Um homem popular*; ao ato de levar a nação a uma guerra civil entre classes em *Girls at war*. E, antes de nos encontrarmos para discutir todas essas questões, peço encarecidamente que leiam dois livros sem os quais creio ser impossível compreender o que a escrita africana quer comunicar, particularmente romances escritos por africanos. São eles: *Os condenados da terra*, de Frantz Fanon, principalmente o capítulo intitulado *Desventuras da consciência nacional*, e *Imperialismo: estágio superior do capitalismo*, de V. I. Lenin".

Cinco dias depois — ou exatamente seis semanas após a proibição de *Ngaahika Ndeenda* —, eu estava na cela 16 na Penitenciária de Segurança Máxima de Kamĩtĩ como preso político, respondendo ao caso de número K6,77. A cela 16 se tornaria para mim o que Virginia Woolf chamara de "um teto todo seu", que ela disse ser absolutamente necessário para um escritor. O meu foi disponibilizado de graça pelo governo do Quênia.

■

Assim, confinado às paredes daquele quarto só meu, pensei muito sobre meu trabalho no departamento de literatura — será que meus alunos leram Frantz Fanon e Lenin sobre o colonialismo e o imperialismo? — e, é claro, sobre minha participação no Centro Educacional e Cultural da Comunidade de Kamīrīīthū — será que os participantes continuaram a alfabetização de adultos? — e sobre toda minha situação como um escritor no cárcere. Todo o objetivo de um regime neocolonial ao aprisionar um escritor era, além de puni-lo, mantê-lo longe do povo, cortar toda e qualquer forma de contato entre ele e o povo. No meu caso, o regime queria me manter longe da universidade e da vila e, se possível, me destruir. Eu precisava manter a sanidade, e a melhor forma era usar as próprias condições da prisão para romper com o isolamento e reestabelecer o contato, apesar das paredes sombrias e das portas com correntes. Minha determinação foi aguçada quando um superintendente muito cruel me avisou para que eu não tentasse escrever poemas — ele obviamente confundia romances com poemas.

Mas por que um romance? E por que na língua gīkūyū?

■■

Não faz muito tempo que o romance, assim como Deus, foi declarado morto, pelo menos nas suas formas dos séculos 18 e 19. Houve até mesmo um movimento em busca de um *nouveau roman*, mas não sei ao certo se também houve um movimento paralelo em busca de um novo Deus ou, nesse sentido, se a busca rendeu frutos. O que está claro é que algo que atende pelo nome de "romance" tem demonstrado sinais significativos de vida em algum lugar na África e na América Latina. A morte do romance não era, logo, um dos meus problemas.

Contudo, o romance, pelo menos na forma que chegou até nós na África, tem origens burguesas. Ele surgiu com a ascensão da burguesia europeia ao domínio histórico através do comércio e da indústria, com o desenvolvimento da nova tecnologia da imprensa e consequentemente da publicação comercial e, sobretudo, com o novo ambiente de pensamento — de que o mundo podia ser compreendido pela experiência humana. Finalmente o mundo de Ptolomeu era substituído pelo mundo de Copérnico e Galileu; o mundo da alquimia pelo da química; o da magia e das vontades divinas pelo da experiência na natureza e nas questões humanas. Os Edmundos do novo mundo estavam por toda parte, desafiando os Reis Lears da velha ordem. Um mundo dominado pela natureza e seu reflexo espiritual no reino de Deus, ambos possuindo, de modo suspeito, todas as características das hierarquias feudais de nobres e subalternos, estava sendo substituído por um mundo dominado pelo homem burguês e seu reflexo espiritual num Deus de lucro e prejuízo. Hoje a canção é: deixe o trabalho ter as rédeas; antes a canção era: deixe o burguês ter as rédeas.

A Europa que veio à África ao fim do século 19 teve, na sua liderança, o burguês vitorioso, transformado agora de capitão da indústria, num sistema de livre mercado, em um comandante-chefe de vastos recursos financeiros, regulando enormes indústrias e monopólios comerciais e buscando novos mercados para conquistar e governar.

O mundo africano pré-colonial, por outro lado, com diferentes estágios de desenvolvimento social entre suas várias regiões e seus povos, se caracterizava em geral pelo baixo nível de desenvolvimento das forças produtivas. Consequentemente, ele foi dominado por uma natureza incompreensível e imprevisível, ou melhor, por uma natureza que em certa medida só poderia ser compreensível através do ritual, da magia e da adivinhação. Essa natureza, em grande parte incompreensível e em grande parte hostil, poderia ser enfrentada por meio de uma resposta coletiva e uma ordem social coesa; poderia ser cruel em algumas das suas práticas, mas também humana nas suas relações pessoais e sua consciência da responsabilidade mútua entre os seus integrantes. Esse mundo se refletia na literatura que ele produzia, com a sua mistura de personagens animais, de seres metade homem, metade fera e de seres humanos, todos se relacionando e interagindo numa coexistência de mútua desconfiança, hostilidade e artimanhas, mas também de eventuais momentos de cooperação. As lutas sociais se refletiam em outro tipo de literatura, a das narrativas poéticas épicas, celebrando os feitos heroicos de reis e de homens excepcionais que serviram à comunidade em tempos de guerra e desastres. As lutas internas e externas dessas sociedades e consequentemente o desenvolvimento das suas forças produtivas e do domínio progressivo da natureza foram dificultadas pela escravidão europeia, que frequentemente prejudicava a agricultura estabelecida, forçando migrações e movimentos em massa[1]. Mas o seu desenvolvimento natural foi, de forma mais dramática, dificultado e distorcido pelo imperialismo. É verdade que o imperialismo, por meio da sua herança de ciência e tecnologia de alto desenvolvimento e seu acúmulo de enormes forças produtivas através de uma reorganização do trabalho de milhões sob o capital mercantil e industrial dos séculos 18 e 19, trouxe à África as possibilidades de conhecer e dominar o mundo natural. Mas ao mesmo tempo negou às raças e aos povos conquistados os meios de conhecer e dominar aquele mundo. Pelo contrário, suas terras foram confiscadas, seu povo foi frequentemente assassinado por uma civilização que dizimara populações e civilizações na América, na Nova Zelândia e na Austrália. Portanto, os meios e as bases de um ordenamento progressivo das suas próprias vidas foram roubados dessas pessoas. Os elaborados sistemas desenvolvidos para lidar com a natureza e com os outros foram frequentemente destruídos, deixando os seres humanos à mercê de uma ordem social mais cruel e mais incompreensível, no seu caos, na sua falta de lógica e nas suas contradições, do que a própria natureza.

Por exemplo, a reorganização do trabalho na agricultura e na indústria capitalista significou produtividade e possibilidades de riqueza numa escala antes inédita nos sistemas feudais e comunais. Mas o sistema colonial, através de ideologias racistas repressivas, garantiu a apropriação privada dessa riqueza em poucas mãos, a maioria brancas. Assim, o imperialismo introduziu a pobreza em massa e o subdesenvolvimento inter-regional. O capitalismo introduziu a fartura e as possibilidades de erradicação da fome: o capitalismo garantiu a pobreza e a fome em massa numa escala nunca vista. O capitalismo e o desenvolvimento da ciência e da tecnologia introduziram as possibilidades de conquista da natureza: o capitalismo, pelo seu uso descontrolado e pela exploração dos recursos naturais, garantiu o domínio virtual da natureza sobre o homem por meio de secas e desertificação. O capitalismo introduziu uma nova ciência médica para vencer as doenças: o capitalismo, pela sua prescrição seletiva do atendimento médico, ao menos nas colônias, garantiu uma população infestada de doenças que agora não tinha mais a ajuda dos herbalistas e psiquiatras cujas práticas foram condenadas como magia negra.

Houve outras contradições. O imperialismo, através dos missionários da sua ideologia, introduziu a escrita a muitas línguas africanas. Era necessário que a mensagem bíblica de subserviência, as ordens administrativas para o trabalho e o pagamento de impostos e as ordens policiais para matar os recalcitrantes chegassem aos mensageiros nativos da forma mais direta possível. Imperialismos rivais e a prática colonial de dividir para governar introduziram representações contraditórias dos sistemas sonoros de uma mesma língua, sem falar em línguas africanas similares dentro da mesma fronteira colonial. Por exemplo, a língua gĩkũyũ teve duas ortografias rivais desenvolvidas por missionários protestantes e católicos. Antes disso ser retificado, duas crianças falantes do gĩkũyũ poderiam estar numa posição na qual não conseguiriam ler as cartas ou as redações umas das outras. De novo o imperialismo introduziu a alfabetização, mas frequentemente a confinou a funcionários, soldados, policiais e pequenos servidores públicos, a emergente classe mensageira sobre a qual eu pretendia falar aos meus alunos. Assim, mesmo às vésperas da independência, as massas de africanos não sabiam ler nem escrever.

As nações imperialistas também introduziram a imprensa e as possibilidades de publicação para públicos maiores. Por exemplo, nos territórios colonizados pelos britânicos, particularmente na África Oriental e Central, departamentos de literatura foram criados com a louvável e iluminada política de publicar em inglês e em línguas africanas. Mas o imperialismo tentou controlar o conteúdo que essas línguas veiculavam. Publicações foram censuradas diretamente, através de leis de licenciamento governamentais, ou indiretamente, através das práticas editoriais daqueles que administravam as gráficas do governo e dos missionários. Ainda se esperava que as línguas africanas levassem a mensagem da bíblia. Mesmo as histórias de animais derivadas da literatura oral, publicadas por essas gráficas em livretos, eram frequentemente selecionadas com muito cuidado para que transmitissem a mensagem moral e as implicações que revelavam o dedo infalível de um Deus branco nas questões humanas.

Logo, as pretensões imperialistas de libertar o africano da superstição, da ignorância e do assombro diante da natureza resultaram frequentemente no aprofundamento da sua ignorância, no aumento das suas superstições e na multiplicação do seu assombro diante do novo amo brandindo chicote e arma de fogo. Um africano, particularmente aquele que passou por uma escola colonial, se relacionaria mais prontamente com a bíblia — com sua explicação fantástica das origens do universo, suas revelações "divinas" sobre a segunda vinda de Cristo e suas imagens horripilantes do inferno e da condenação para aqueles que pecassem contra a ordem imperialista — do que com o romance, com sua análise cuidadosa dos motivos e ações do personagem e sua suposição geral de que o mundo onde vivemos pode ser compreendido ou, pelo menos, analisado através de observações de padrões comportamentais de indivíduos ou dos mutáveis padrões de relacionamentos humanos entre grupos e indivíduos.

Em meio ao analfabetismo em massa, em meio a sistemas fonéticos conflitantes (mesmo na mesma língua), em meio às novas superstições da bíblia e da igreja, como podemos falar de forma significativa do romance africano? Como poderei contemplar o romance como um meio da minha reconexão com as pessoas que deixei para trás? Meu público-alvo — as pessoas — eram as duas classes representadas por Kamĩrĩĩthũ. Como eu poderia usar um formato tão especificamente burguês em suas origens, autoria e consumo para uma reconexão com uma multidão tomada pelos problemas descritos?

As bases sociais, ou mesmo nacionais, das origens de uma descoberta importante ou de qualquer invenção não são necessariamente um determinante do uso que seus herdeiros podem dar a ela. A história está repleta de exemplos contrários. A pólvora foi inventada na China. Foi efetivamente usada pela burguesia europeia na sua propagação e expansão por todos os cantos do globo. A matemática foi inventada pelos árabes, mas foi apropriada por todas as nações da terra. A história da ciência e da tecnologia tomada como um todo é resultado de contribuições de muitas nações e raças na África, Ásia, Europa, América e Australásia. O mesmo se aplica à história das artes — música, dança, escultura, pintura e literatura. A música e a arte africana, por exemplo, foram apropriadas pela Europa e pela América no século 20. O que é verdade sobre as origens raciais e nacionais de uma descoberta é ainda mais dolorosamente verdadeiro sobre as origens de classe das descobertas. As descobertas mais cruciais e os avanços técnicos que mudaram a face dos séculos 19 e 20, como a máquina de fiar, o tear e o motor a vapor, foram todos produtos da classe trabalhadora. Todas as descobertas cruciais mais antigas, como a roda para irrigação ou o moinho de vento e de água, foram invenções do campesinato. De novo isso é ainda mais verdadeiro nas artes. Os mais importantes avanços na música, na dança e na literatura foram todos tomados emprestados do campesinato. Mesmo esportes como futebol e atletismo vieram de pessoas comuns, enquanto todos os outros normalmente associados às classes altas foram refinamentos daqueles do povo. Em nenhum lugar isso fica mais claro do que na área das línguas. É o campesinato e a classe trabalhadora que estão mudando a língua o tempo todo com pronúncias e com a formação de novos dialetos, novas palavras, novas frases e novas expressões. Nas mãos do campesinato e da classe trabalhadora, a língua muda o tempo todo, nunca fica parada. A história social do mundo antes do advento do socialismo vitorioso foi a contínua apropriação dos resultados e da genialidade do trabalho de milhões pelas classes ociosas. Por que o campesinato e a classe trabalhadora africana não deveriam se apropriar do romance?

De todo modo, o próprio romance é um desdobramento de tradições mais antigas de contos orais e de narrativas poéticas épicas, como as da *Ilíada* e da *Odisseia* de Homero ou as de Liyongo na literatura suaíli. Essas eram certamente as formas de arte do campesinato. O romance africano como uma narrativa prolongada em forma escrita tinha antecedentes na literatura oral africana. O elemento mais essencial do conto oral, assim como no romance, ainda é a história, o elemento do que acontece em seguida. A habilidade artística está nos vários recursos para manter a história.

Talvez a questão crucial não seja a das origens raciais, nacionais ou classistas do romance, mas a do seu desenvolvimento e dos usos aos quais ele é continuamente imposto.

## IV

O romance africano e seu desenvolvimento, desde sua introdução no início do século 20, foram afetados negativamente por dois fatores.

As gráficas, as editoras e o contexto educacional do surgimento do romance foram controlados pelos missionários e pela administração colonial. Os primeiros praticantes do romance africano, particularmente na África do Sul, foram produto de instituições educacionais missionárias, e era mais provável que tivessem sido expostos a *O peregrino* de Bunyan e à Bíblia do Rei Jaime do que a Tolstói, Balzac ou Dickens. Mesmo quando romances mais recentes foram introduzidos nas bibliotecas escolares, a seleção foi feita com cuidado para não expor as jovens mentes a influências morais e políticas que fossem perigosas, indesejáveis ou inaceitáveis. Eu me lembro de um dia, na Alliance High School, quando o diretor missionário usou a assembleia matinal para nos dar uma palestra sobre a beleza e a dignidade do romance de Alan Paton, *Cry the beloved country*, no qual o herói é um "Uncle Tom" africano cristão, subserviente e não violento; mais tarde, ele acusou Alan Paton de se perder no romance seguinte, *Too late the phalarope*, ao introduzir sequências de sexo entre brancos e negros na África do Sul. Os primeiros romances africanos produzidos nessas circunstâncias tomaram os temas e a preocupação moral da bíblia. Mas tal romance também era produto de uma política deliberada do governo e das gráficas controladas pelas missões. Na Rodésia, o departamento voltado à literatura se recusava a publicar um romance africano que tivesse algo que não fosse temas religiosos ou temas sociológicos livres de política. Recontar velhas fábulas e contos, sim. Reconstruções de práticas pré-coloniais mágicas e ritualísticas, sim. Histórias nas quais os personagens saem da escuridão do passado pré-colonial para a iluminação do presente cristão, sim. Mas qualquer discussão ou qualquer sinal de insatisfação com o colonialismo, não!

O segundo efeito negativo foi a ascensão das universidades e faculdades em solo africano no começo dos anos 50.

(Um movimento paralelo foi a educação do mesmo tipo de estudante nas universidades do exterior.) A Universidade de Makerere, em Uganda, a Ibadan University College, na Nigéria, e a Ghana University College eram todas instituições superiores internacionais da Universidade de Londres. Tinham departamentos de língua inglesa plenamente desenvolvidos: pela primeira vez, crescia um grupo de estudantes africanos que era exposto a algo mais que a Bíblia do Rei Jaime e *O peregrino* de Bunyan. Haviam estudado o romance inglês de Richardson a James Joyce. Também estavam familiarizados, ou pelo menos cientes, do romance norte-americano, francês e russo. Também liam romancistas europeus, como Joseph Conrad e Joyce Cary ou Alan Paton, e alguns desses livros tinham como temática a África. Muitos desses departamentos de língua inglesa também fundaram revistas literárias ou estudantis, como a Horn, em Ibadan, e a Penpoint, em Makerere. Mas tais estudantes se voltaram ao inglês como veículo do seu encontro ficcional com a sua África. As mentes brilhantes de um Chinua Achebe, um Wole Soyinka ou um Kofi Awoonor não buscaram revitalizar o romance africano, mas criar uma nova tradição, a do romance afro-europeu. O romance (em inglês, francês ou português) encontrou mais incentivo por meio de editoras multinacionais que enxergaram uma nova área literária para investimento. O romance afro-europeu é, agora, quase inseparável da African Writers Series da Heinemann, com mais de cem romances na lista. Mas editoras como a Longman e variedades locais, como a East African Publishing House, também têm listas impressionantes.

Logo, o romance africano foi empobrecido pelos próprios meios da sua possível libertação: a exposição dos seus potenciais praticantes à tradição secular do realismo crítico e socialista do romance europeu e a entrada ao rol das editoras comerciais que estavam fora do governo colonial e do controle missionário.

Fui parte integral desse processo ou então um dos seus produtos. Em 1959, entrei na Universidade de Makerere e lia em inglês. Meu primeiro conto, *Mūgumo*, foi publicado pela primeira vez na revista do departamento, Penpoint, sob o título em inglês *The fig tree*. Em 1969, eu havia completado o manuscrito do meu primeiro romance, que mais tarde viria a ser *The river between*. Em 1963, *Weep not, child*, o manuscrito do meu segundo romance, havia sido aceito por William Heinemann, de Londres, e mais tarde se tornou o sétimo título na African Writers Series. No ano da minha prisão política, 1977, houve a publicação do meu quarto romance em inglês, *Petals of blood*.

Era natural que, ao me sentar na cela 16 da Penitenciária de Segurança Máxima Kamiti, em 1978, eu deveria estar pensando no romance como meu meio de resistência à detenção da minha mente e imaginação. Sob as circunstâncias da prisão, o romance tinha outras vantagens. O teatro e o filme, os meios ideais para romper as barreiras do analfabetismo, envolvem mais de uma pessoa e um local ou instalação fixa, sem citar o investimento financeiro no caso de um filme. O romance, pelo menos no ato de escrevê-lo, necessita apenas *papel* e *caneta*. No entanto, eu precisava primeiro resolver a questão da língua, que era claramente inseparável da questão da tradição com a qual eu me reconectaria: a do romance afro-europeu, à qual pertenciam *Um grão de trigo* e *Petals of blood*, ou a do romance africano, com a qual eu não tinha experiência prévia. Não havia neutralidade. Eu precisava escolher.

Mas, em certo sentido, a escolha já havia sido feita para mim por Kamĩrĩĩthũ e mesmo pela minha detenção. Tentaria um romance na mesma língua que fora a base do encarceramento. Iria me reconectar não com o romance afro-europeu da minha prática anterior, mas com o romance africano do meu novo compromisso.

▼

O caminho para essa decisão foi longo. Conforme expliquei, cresci falando gĩkũyũ. Meu primeiro encontro com histórias e narrativas orais foi por meio do gĩkũyũ. Como um novo letrado em gĩkũyũ, li avidamente a bíblia, particularmente as histórias do Velho Testamento. Também li a maioria dos livretos disponíveis, na época, na língua gĩkũyũ e publicados na sua maioria pelas gráficas dos missionários e do governo; por exemplo, *Moohero Ma Tene*, *Mwendo Nĩ Ira na Irĩĩri*, *Kariũki na Mũthoni* ou *Mĩikarĩre ya Aagĩkũyũ* não eram novelas ou histórias criativas, mas descrições ligeiramente ficcionalizadas dos velhos costumes, tradições e etapas na vida de uma criança mũũgĩkũyũ ou apenas narrativas bíblicas. Estavam cheias de lições de moral derivadas da bíblia ou das velhas tradições. O mais criativo desses quenianos escrevendo em gĩkũyũ na época foi Gakaara wa Wanjaũ, que até mesmo fundou uma editora própria, a Gakaara Book Service, para a publicação e distribuição de livros. Ele tinha uma impressionante lista de novelas, ensaios políticos, canções e poemas e materiais de pura agitação, todos instando as pessoas a tomarem decisões mais elevadas na sua busca por terra e liberdade e na redenção da sua cultura. Infelizmente, todos os seus livros foram proibidos e ele próprio foi preso e permaneceu na cadeia por dez anos, de 1952 a 1962. Mas seus livros, como *Riũa Rĩtaanathũa*, *O*

*Kĩrĩma Ngaagũa, Mageria Nomo Mahota, Ngwenda Ũũnjũrage* e *Marebeta Ikũmi ma wendo*, seguem como títulos encantadores na minha mente. Depois disso me voltei ao que estava disponível em kiswahili. Novamente não havia muita coisa. Mas li e reli *Hekaya Za Abunuwasi*, as histórias e aventuras de um malandro chamado Abunuwasi.

A língua inglesa abriu a porta para uma ampla gama de ficção, e isso foi o que por fim me levou ao Departamento de Língua Inglesa de Makerere, em 1959, e consequentemente ao tipo de escrita que teve seu ápice em *Petals of blood*, publicado em julho de 1977. Mas eu me tornava cada vez mais desconfortável com a língua inglesa. Depois de escrever *Um grão de trigo*, passei por uma crise. Sabia sobre quem eu escrevia, mas para quem eu escrevia? Os camponeses cujas lutas abasteciam o romance jamais leriam aquilo. Numa entrevista, em 1967, para o Union News, um jornal estudantil da Universidade de Leeds, eu disse: "Cheguei num ponto de crise. Não sei se vale a pena continuar escrevendo em inglês". O desafio de Obi Wali, em 1963, continuou a me perseguir em Leeds e além. Em junho de 1969, enquanto estava na Universidade de Makerere como professor bolsista de Escrita Criativa no Departamento de Inglês, escrevi um artigo, *Para uma cultura nacional*, para a Conferência da Unesco de 1969 sobre políticas culturais na África, realizada em Dacar, no Senegal. O artigo foi mais tarde incluído no meu livro *Homecoming*, e ali fui mais enfático sobre a questão da língua:

> É igualmente importante para o nosso renascimento cultural o ensino e o estudo das línguas africanas. Já vimos o que qualquer sistema colonial faz: impõe o seu idioma nas raças subjugadas e então rebaixa as línguas vernáculas do povo. Ao

fazer isso, transforma a aquisição da sua língua num símbolo de status; qualquer um que a aprende começa a desprezar a maioria camponesa, com suas línguas bárbaras. Ao adquirir os processos mentais e valores da língua adotada, se torna alienado dos valores da sua língua materna ou da língua das massas. A língua, afinal, é o veículo de valores criados por um povo ao longo de um período de tempo. Parece a mim que, num país onde noventa por cento falam línguas africanas, seria bastante insensato não ensinar essas línguas nas escolas e universidades. Precisamos desenvolver uma língua nacional, mas não às tristes custas das línguas regionais. Num contexto político e econômico socialista, o desenvolvimento das línguas étnicas não seria hostil à unidade e à consciência nacional. É apenas num arranjo capitalista competitivo que os interesses antagônicos exploram diferenças étnicas e regionais de linguagem em detrimento da causa comum dos camponeses e dos trabalhadores. Que um estudo das nossas línguas é importante para uma autoimagem significativa é algo que começa a ser percebido cada vez mais (...) Um estudo maior de línguas africanas irá inevitavelmente fazer com que mais africanos queiram escrever na sua língua materna e assim abrir novas avenidas para nossa imaginação criativa[2].

Em 1977, a experiência de Kamĩrĩĩthũ me levou a dar uma aula aberta ao público na Kenyatta University College, na qual convoquei os autores quenianos a retornar às suas raízes nas línguas e culturas de todas as nossas nacionalidades.

Ainda assim, a questão me perturbava. Eu havia conseguido conciliar o problema da língua no teatro. E quanto a um romance? Eu seria capaz de superar os problemas? A Penitenciária de Segurança Máxima de Kamĩtĩ finalmente resolveu a questão. Num apelo às autoridades carcerárias, datado de 23 de junho de 1978, eu concluí:

> Autores quenianos não têm alternativa a não ser retornar às raízes, retornar às origens do seu ser nos ritmos da vida, da fala e das línguas das massas quenianas, se quiserem aceitar o grande desafio de recriar, nos seus poemas, peças e romances, a grandeza épica dessa história. Em vez de serem silenciados e enviados para prisões de segurança máxima e campos de detenção, deveriam receber todo o incentivo para escrever uma literatura que será orgulho do Quênia e motivo de inveja no mundo[3].

Mas a essa altura eu já estava no meio do meu primeiro romance na língua gĩkũyũ, ou melhor, devo dizer que estava profundamente mergulhado nos problemas de escrever *Caitaani Mũtharabainĩ* na prisão, na cela 16.

# VI

O papel e a caneta eram o primeiro problema. Era possível conseguir uma caneta se disséssemos que estávamos escrevendo um apelo ou uma confissão às autoridades. Era possível até mesmo conseguir duas ou três folhas de papel. Mas uma pilha para um romance? Tive que recorrer ao papel higiênico. Toda vez que eu disse isso, as pessoas riram ou me lançaram olhares questionadores. Porém, não havia qualquer mistério em escrever no papel higiênico. O objetivo do papel higiênico em Kamĩtĩ era punir os prisioneiros, então era muito áspero. Mas o que era ruim para o corpo era bom para a caneta.

Havia outros problemas que não tinham nada a ver com o fato de que o teto só meu era a cela 16. As palavras, por exemplo. Frases. Parágrafos. Em *Four quartets*, T. S. Eliot faz uma observação pontual sobre o aspecto escorregadio das palavras:

As palavras envergam,
racham e às vezes quebram, sob o peso,
Sob a tensão, escapam, escorregam, perecem,
Desvanecem com imprecisão, não ficam no lugar,
Não ficam quietas.

Descobri que isso era ainda mais verdadeiro ao escrever *Caitaani Mūtharabainī*. A língua gīkūyū não tem uma tradição significativa de romance ou de ficção escrita. Gakaara wa Wanjaū tentara criar os primórdios de tal tradição, mas seus livros foram proibidos nos anos 50. Depois da independência, ele fundou um jornal na língua gīkūyū, chamado Gīkūyū Na Mūmbi. Ele fez uma série ficcional sobre as aventuras de *Kīwaī wa Nduua*. Mas não tinha a qualidade das suas obras dos anos 50 que ainda estavam, na maior parte, fora de catálogo. Também me debati com questões básicas de tempo verbal, mesmo as relativas à mutável impressão visual das palavras no papel. As palavras e os tempos eram ainda mais escorregadios por causa da insatisfatória ortografia gīkūyū. A língua gīkūyū fora reduzida à escrita por falantes não nativos, como os missionários europeus, e nem sempre eles conseguiam identificar as várias extensões das vogais. A distinção entre vogais longas e curtas é bastante importante na prosa e na poesia gīkūyū. Mas a ortografia dominante frequentemente deixava a cargo do leitor adivinhar se deveria prolongar ou encurtar o som vocálico. Isso seria muito cansativo numa prosa extensa. Essa falta de meios para estabelecer uma distinção entre sons vocálicos longos e curtos partia do pressuposto de que havia conhecimento prévio de todas as palavras por parte do leitor. Tentei resolver o problema utilizando vogais dobradas onde queria indicar a vogal longa. Mas foi preciso várias páginas até que eu me acostumasse a isso. E mesmo assim nunca foi plenamente satisfatório, pois o que era preciso era uma nova letra ou um novo sinal para a vogal longa. Gĩkũyũ também é uma língua tonal, mas a ortografia predominante não incluiu variações de tons.

Então, por todas essas razões, eu escrevia um parágrafo à noite com a certeza de como ele seria lido, apenas para descobrir mais tarde que poderia ser lido de uma forma diferente e que alterava completamente o sentido. Eu só poderia resolver o problema controlando rigidamente o contexto das palavras numa frase, e das frases num parágrafo, e do parágrafo dentro de toda a situação da ocorrência da ação no tempo e no espaço. Sim, as palavras escorregavam e escapavam debaixo do meu nariz. Não ficavam no lugar. Não ficavam quietas. E isso era frequentemente um motivo de grande frustração.

Mas o maior problema então, e o que ainda acredito ser o maior problema diante do crescimento e desenvolvimento do romance africano, é encontrar a "linguagem de ficção" apropriada, isto é, com a própria ficção sendo considerada uma forma de linguagem com a qual se deve comunicar efetivamente com o seu público-alvo: ou seja, no meu caso, as pessoas que deixei para trás.

Havia dois problemas inter-relacionados da "linguagem da ficção" frente a frente com o público escolhido pelo autor: a sua relação com a forma, o gênero propriamente dito; e sua relação com seu material, isto é, com a realidade diante de si. Como ele trataria a forma? Como trataria o material diante de si?

A primeira questão está relacionada a como o romance, como forma, se desenvolveu. Defoe é diferente de George Eliot, certamente de Balzac, Zola, Tolstói e Dostoiévski. E quanto a Joseph Conrad, James Joyce e Faulkner, com seus manuseios de pontos de vista, tempo, personagens e enredos? O próprio romance afro-europeu desenvolvera uma série de abordagens: do desenvolvimento linear do enredo em *O mundo se despedaça*, de Chinua Achebe, a *Os intérpretes*, de Wole Soyinka, que quase dispensa o enredo. Eu poderia escrever para um público que jamais lera um romance da mesma forma que escreveria para um público que lera ou que conhecia James Joyce, Joseph Conrad, Wole Soyinka ou Ayi Kwei Armah?

No romance afro-europeu do meu exercício anterior, percorri diferentes fases de crescimento "técnico". *The river between* e *Weep not, child* têm um enredo linear. Uma ação leva à próxima ao longo de sequência e divisões de tempos normais: segundos, minutos, horas, dias, semanas, meses, anos. Evento leva a evento, num revezamento em um terreno de campo contínuo. É a abordagem biográfica na qual o personagem/narrador acompanha o herói no tempo e no espaço, desde o seu ponto de entrada até o ponto de saída, digamos, do nascimento à morte. O ponto de vista é em grande parte aquele do personagem principal. A única voz narrativa é aquela do narrador/autor onisciente. Mas quando *Weep not, child* foi lançado, em 1964, eu já estava insatisfeito com essa abordagem. Nas obras de Joseph Conrad, as quais estudei para um artigo especial, vi como o autor havia usado uma variedade de vozes narrativas em tempos e lugares diferentes. Com Conrad, o mesmo evento poderia ser observado pela mesma pessoa em diferentes tempos e lugares; e cada uma dessas múltiplas vozes poderia lançar uma nova luz ao evento, dando mais informação, mais evidência ou ao relatar outros episódios que antecederam ou sucederam o evento em destaque. *Nostromo* era o meu favorito. Ainda acho que é um grande romance, mas no geral achei a visão de Conrad limitada. Sua ambivalência com o imperialismo — e foi o imperialismo que o supriu com o cenário e os temas dos seus romances — jamais permitiu ele ir além dos atos de conciliação do humanismo liberal. Mas os pontos de vista mutáveis no tempo e no espaço; a multiplicidade de vozes narrativas; a narrativa-dentro-da-narrativa; o atraso na informação que auxilia na revisão de um julgamento prévio para que apenas no fim, com o acúmulo total de evidências, informações e pontos de vista, o leitor possa fazer um julgamento completo — essas técnicas me impressionaram.

George Lamming também me impressionara com seu magistral manuseio de diferentes técnicas narrativas dentro do mesmo romance, particularmente em *In the castle of my skin*. Narrador onisciente; drama; diário; reportagem; autobiografia; narração em terceira pessoa e intervenção autoral direta para tomar partido de um personagem; tudo isso foi usado por Lamming de formas variadas nos seus primeiros romances: *In the castle of my skin*, *The emigrants*, *Of age and innocence* e *Season of adventure*. A consistência anti-imperialista de Lamming, seu compromisso com as lutas do Terceiro Mundo, sua clara base no camponês e no trabalhador e as questões sociopolíticas na sua obra aproximaram o seu mundo do meu e da minha experiência de vida no Quênia.

Meu conhecimento mais aprofundado de Gogol, Dostoiévski, Tolstói, Gorki, Sholokhov, Balzac e Faulkner me apresentaram mais possibilidades para o romance em termos de preocupações temáticas e alcance da técnica.

Agora a minha própria observação de como as pessoas normalmente narravam eventos umas para as outras havia demonstrado para mim também que elas, de bom grado, aceitavam intervenções, divagações, narrativas dentro de uma narrativa e ilustrações dramáticas sem perder o fio da narrativa principal. A história-dentro-da-história era a essência das normas de conversação do campesinato. O desenrolar linear/biográfico de uma história estava mais afastado da prática social verdadeira do que da narrativa de Conrad e Lamming.

A forma narrativa em *Um grão de trigo*, com suas histórias dentro de histórias numa série de flashbacks, foi um produto dessa reavaliação. As múltiplas vozes narrativas, além de me ajudarem a lidar com tempo e espaço flexíveis, também me ajudaram a me afastar do romance de protagonista único. Em *Um grão de trigo*, todos os personagens principais têm quase a mesma importância, e o povo — o povo da vila —, na sua movimentação e história, é o verdadeiro herói do romance. A ação presente acontece a quatro dias da data da independência, em 1963. Mas dentro disso há um constante movimento no tempo e no espaço do presente ao começo do século e a outros períodos intermediários. *Petals of blood* deu um passo além nas técnicas de flashbacks, múltiplas vozes narrativas, movimento no tempo e no espaço e biografias e histórias paralelas. A técnica permitiu que eu me movesse livremente no tempo e no espaço através dos séculos e através de todos os importantes marcos na história do Quênia, dos tempos antigos até os doze dias no tempo presente do romance.

Mas tudo isso partia do pressuposto de que havia um leitor familiarizado com a convenção de leitura de romances e especificamente o romance moderno em línguas europeias. Será que técnicas similares guiariam o tipo de leitor que assistira *Ngaahika Ndeenda* em Kamĩrĩĩthũ? Ainda, como eu retornaria ao enredo linear? Eu estava, em outras palavras, muito mais consciente do meu novo público. Ou talvez fosse uma questão de línguas. O meu uso da língua gĩkũyũ ditaria um tipo diferente de romance?

Seja qual for o caso, eu queria um enredo mais simples, uma linha narrativa mais simples ou clara, um elemento de história mais forte (o elemento do que acontece a seguir!) sem menosprezar ou ser condescendente com o leitor trabalhador/camponês.

Tentei resolver o problema de três maneiras. Optei por uma estrutura relativamente simples, a de uma jornada simples. *Caitaani Mũtharabainĩ* se fundamenta em duas jornadas principais sobre virtualmente o mesmo território. Warĩĩnga pega um matatũ da capital Nairóbi a Ilmorog, um vilarejo rural fictício. Depois, Warĩĩnga faz uma segunda jornada em um carro de Nairóbi a Ilmorog a Nakuru. Um período de dois anos separa as duas viagens. Há uma série de flashbacks. Mas são todos controlados pela progressão do tempo e do espaço nas duas camadas de jornadas paralelas que sugerem outras jornadas. A jornada, o meio de transporte e os locais reais mencionados em Nairóbi e Nakuru seriam familiares a muitos quenianos comuns. Também peguei emprestado muito das formas de narrativa oral, particularmente o tom conversacional, as fábulas, os provérbios, as canções e toda a tradição de autoelogio poético ou elogio a outros. Também incorporei um elemento bíblico — a parábola —, pois muitos letrados teriam lido a bíblia. As pessoas estariam familiarizadas com esses recursos e eu esperava que eles ajudassem a enraizar o romance numa tradição conhecida.

Linguagem; enredo; realismo de detalhes sociais e físicos; recursos de narrativas orais — todos esses eram elementos de forma, e eu sabia que a forma por si só, não importa o quão familiar e interessante fosse, jamais poderia prender a atenção do meu novo tipo de leitor por muito tempo. Eles têm coisas mais importantes a fazer do que se entregar a belos rearranjos de características da literatura oral ou da paisagem urbana e rural. Conteúdo com o qual as pessoas pudessem se identificar ou que forçassem elas a tomar lados se fazia necessário. O conteúdo é, no fim das contas, o mediador da forma. Um casamento adequado de conteúdo e forma decidiria a recepção que o romance teria. Assim, o mais importante era buscar um assunto, um conteúdo, que tivesse o peso, a complexidade e os desafios das suas lutas cotidianas.

E isso me levou ao próximo problema: minha relação com o meu material, isto é, com a realidade histórica de uma neocolônia.

A forma como um escritor lida com a realidade é afetada por sua perspectiva filosófica básica sobre a natureza e a sociedade e seu método de investigação dessa natureza e sociedade: se, por exemplo, ele percebe e observa um fenômeno na sua interconexão ou no seu deslocamento; no seu repouso ou no seu movimento; na sua mutabilidade ou imutabilidade; no seu ser ou seu tornar-se; e se ele enxerga qualquer mudança qualitativa no movimento de um estado de ser para outro. A forma como o autor lida com o material também pode ser afetada pela sua base material na sociedade, isto é, o ponto de vista e a posição da sua classe social. Isso, me apresso a acrescentar, não produz necessariamente uma boa ou má escrita, ou melhor, uma visão consciente não produz necessariamente uma boa ou má escrita, pois isso depende afinal daquela indefinível qualidade de imaginação, a habilidade artística do autor, que é capaz de perceber o que é universal — isto é, aplicável à mais ampla escala no tempo e espaço — na sua mais minuciosa particularidade como uma experiência comum. Mas afeta, sim, a sua aproximação da realidade, ou melhor, a sua efetividade em refletir corretamente a realidade.

Mas o que acontece quando a realidade é mais estranha que a ficção? Como um romancista captura e mantém o interesse do leitor quando a realidade que confronta esse leitor é mais estranha e cativante que a ficção? No entanto, é isso que enfrenta um romancista numa neocolônia junto ao público mais severamente afetado por essa mesma realidade de uma neocolônia.

Darei alguns exemplos concretos da história recente.

# VII

Julho de 1984: o presidente do Conselho Federal da Alemanha Ocidental, Franz Josef Strauss, faz uma visita oficial à república independente do Togo, na África Ocidental, a convite do presidente Eyadema. A ocasião? Denunciar a conferência de 1884 em Berlim? Tirar lições desse episódio a fim de guiar as relações entre Europa Ocidental e África para um novo patamar de completa igualdade econômica, política e cultural? Não mesmo. A ocasião foi para comemorar o centenário do tratado desigual imposto ao Rei Mlapa III do Togo para transformar o reino numa colônia do Reich alemão. O presidente Eyadema até ergue uma estátua da águia imperial alemã (ou seria americana?) para comemorar não a resistência à colonização, mas a glória da colonização. A casa do governador-geral é reconstruída. E tudo isso deverá ser pago pelos camponeses e trabalhadores togoleses. Assim, 1884, que é sempre lembrado por milhões de africanos como um ano de vergonha histórica, o começo de um século de humilhação contínua da África pelo Ocidente, está sendo comemorado com orgulho por um presidente africano. Um jornalista da Alemanha Ocidental, Markus Cleven (ver *Nordbayerischer Kurier*, 6 de julho de 1984), vai direto ao ponto: "Pode-se deduzir que, no Togo, Strauss e seus anfitriões estarão na mesma sintonia. E assim deve ser. Aqui, nós, alemães, não precisamos ter a consciência pesada, pois nosso período de governo colonial foi curto demais para deixar traços que não sejam nostálgicos"[4]. Certo. O período das mais recentes tentativas dos alemães de colonização de outras nações europeias foi ainda mais curto. Será que deixou ainda mais traços de nostalgia no que o comentário de Cleven chama de "nós, alemães"? A culpa nem é do jornalista alemão. Afinal, não havia navios de guerra alemães na costa para forçar esse ato suplicante de autoabnegação coletiva à presidência togolesa. Apenas o Markus (auxílio) ajudando a extrair mais marcos (lucros) do povo togolês. E o presidente Eyadema espera a sua parcela ou comissão.

Há outros absurdos. Mobuto, do Zaire, num ato de suprema autenticidade africana, cedeu um território inteiro muito maior que a Nova Zelândia para uma empresa de foguetes alemã. Um grupo de líderes africanos recentemente implorou à França para que enviasse tropas ao Chade para proteger interesses franceses legítimos, ameaçados pela "imperialista" Líbia; Moi, do Quênia, deu bases militares aos Estados Unidos sem um debate no parlamento, com os quenianos descobrindo o acordo "secreto" apenas depois, durante um debate no congresso dos Estados Unidos. É possível citar episódios ainda mais incríveis: o cruel massacre de crianças, o igualmente cruel genocídio de parte da população, todos perpetrados por líderes nativos a serviço do imperialismo. Pois a questão é essa: os Mobutus, os Mois e os Eyademas do mundo neocolonial não estão sendo forçados a se renderem ao imperialismo sob a mira de uma metralhadora americana. Eles próprios têm a mesma mentalidade: estão na verdade implorando por uma recolonização dos seus próprios países com eles próprios como os governadores neocoloniais vivendo em modernas fortalezas. São mais felizes como os novos mercadores de escravos do próprio povo; mais felizes como os novos capatazes da hemorragia econômica dos seus próprios países, liderada pelos Estados Unidos.

Como um escritor, um romancista, choca seus leitores ao contar para eles que são neoescravos, quando eles próprios, os neoescravos, anunciam abertamente o fato aos quatro ventos? Como chocar seus leitores ao apontar que estão diante de assassinos em massa, saqueadores, assaltantes, ladrões, quando eles, os perpetradores desses crimes contra o povo, sequer tentam esconder o fato? Quando, em alguns casos, estão efetiva e orgulhosamente comemorando o massacre de crianças e o roubo e o saque da sua nação? Como satirizar seus pronunciamentos e alegações quando suas próprias palavras superam todos os exageros ficcionais?[5]

Ao contemplar a realidade neocolonial do Quênia, me confrontei com a questão da forma ficcional da sua representação. Mas um escritor, qualquer escritor, só tem um recurso: ele próprio, aquelas imagens que frequentemente passam voando pela mente, aqueles reflexos mentais do mundo ao redor. A química da imaginação transforma a quantidade de diferentes imagens, reflexos, pensamentos, retratos, sons, sentimentos, visões, gostos, todas as impressões dos sentidos, numa coalescência de uma imagem ou conjuntos de imagens qualitativamente diferentes, mas unificadas, da realidade.

Na busca pela imagem que capturaria a realidade de uma neocolônia, como era o Quênia sob o governo de Kenyatta e Moi, me apoiei na tradição oral de novo.

## VIII

Por um longo tempo, o tema de Fausto na literatura me intrigou. O tema reaparece em diversas obras da literatura europeia: *A trágica história do Doutor Fausto* de Marlowe, o *Fausto* de Goethe, o *Doutor Fausto* de Thomas Mann e *O Mestre e Margarida* de Bulgákov. Mas sempre suspeitei que a história de um homem bom que entrega sua alma ao mal para ter ganhos imediatos de riqueza, intelecto e poder era universal e tinha raízes nas tradições do campesinato. Elementos disso são encontrados em muitas tradições nacionais. Owuor Anyumba, um colega no Departamento de Literatura que fizera um imenso trabalho na literatura oral de diferentes nacionalidades do Quênia, me contou sobre exemplos disso numa série de histórias envolvendo feiticeiros. Uma vez, em 1976, viajando pelo oeste do Quênia com Kavetsa Adagala, outra colega do departamento, vi pela primeira vez as pedras com formato de pessoas de Idakho. Tive essa estranha sensação de subitamente ter me deparado com algo que eu estava à procura e, ao retornar para Limuru, escrevi mais de cem páginas de um romance. O título provisório? *Devil on the cross*, em inglês. Meu trabalho em Kamĩrĩĩthũ, em 1977, me fez perder todo o interesse no romance. Na prisão, tentei me lembrar da história, mas não conseguia recordar um único incidente sequer do que havia escrito. Aquelas pedras de Idakho, porém, permaneceram na minha mente. Quais lendas sobre aquelas pedras com formato de pessoas os camponeses criaram? As imagens de Idakho se mesclavam com as imagens daqueles ogros comedores de pessoas da oratura gĩkũyũ. Os marimũs tinham duas bocas, uma na frente e outra atrás. A de trás era coberta por longos cabelos. Eram cruéis, muito gananciosos e viviam do trabalho dos humanos. E quanto aos marimũs dos últimos tempos? Será que essas criaturas me dariam a imagem que eu buscava?

Na minha leitura da obra do poeta sul-coreano Kim Chi Ha, eu observara, particularmente em *Five bandits* e *Groundless rumours,* como o autor explorara efetivamente as formas e imagens orais para confrontar as realidades neocoloniais da Coreia do Sul. A sátira é certamente uma das armas mais eficientes nas tradições orais.

Então um dia me dei conta. Por que não contar a história dos homens que venderam suas almas e a alma da nação para o diabo estrangeiro do imperialismo? Por que não contar a história do mal que se orgulha do mal? Por que não contar a história dos ladrões que se orgulham de roubar das massas?

Foi como comecei a escrever o romance *Caitaani Mũtharabainĩ* na língua gĩkũyũ. Ele conta a história de Warĩinga e seis outras pessoas que viajam num matatũ de Nairóbi a Ilmorog. Os passageiros descobrem que têm algo em comum. Todos têm convites para um banquete de ladrões e assaltantes organizado pelo diabo. No banquete, há uma competição para escolher os sete ladrões e assaltantes mais inteligentes — isto é, aqueles que elevaram a arte de roubar das pessoas ao seu mais alto grau. Os competidores precisam ficar diante uns dos outros para contar suas façanhas e conquistas. Por exemplo, há o caso de um ladrão que ficou tão rico com o contrabando que passou a se ressentir da sua riqueza. Por quê? Porque, ainda que tenha toda aquela quantidade de dinheiro, ele tem um coração e uma vida, assim como todos os outros seres humanos, incluindo suas vítimas. Mas os avanços nos transplantes de coração o fazem ter uma ideia. Ele tem visões de uma enorme fábrica para produzir partes extras do corpo humano, incluindo pênis extras, para que um homem muito rico pudesse comprar a imortalidade e deixar a morte como uma prerrogativa dos pobres. Mas ele comete um erro ao contar a sua visão para a esposa. Ela fica encantada com a possibilidade das esposas dos ricos se diferenciarem das esposas dos pobres pelas suas duas bocas, seus dois ventres, seus dois ou mais corações e suas duas vaginas:

> Quando eu a ouvi mencionar dois órgãos femininos e dizer que ela poderia ter dois em vez de um, fiquei horrorizado. Disse a ela francamente que não me importaria se ela tivesse duas bocas, ou duas barrigas, ou múltiplos de qualquer outro órgão do corpo. Mas ter duas... Não, não! *Falei para ela esquecer essa bobagem.* Então, ela começou a discutir, dizendo que, se fosse assim, eu não poderia ter dois pintos. Perguntei a ela, amargurado: "Por que você quer ter duas? Diga, você ia usar duas para quê?". Ela retrucou: "Por que você quer ter dois? Você vai usar dois para quê? Se você vai ter dois, então eu tenho que ter duas. *Temos que ter igualdade entre os sexos*".
>
> A essa altura, eu estava bravo demais! Falei para ela levar as *igualdades* dela para a Europa ou a América. *Aqui nós somos africanos* e precisamos *praticar a cultura africana*. Bati na

cara dela. Ela começou a chorar. Bati de novo. Mas, quando eu estava prestes a bater pela terceira vez, ela se rendeu. Disse que eu podia ter três, ou dez. Ela ficaria satisfeita com uma só.

Pessoal, pensem nessa visão! Cada homem rico poderia ter duas bocas, duas barrigas, dois pintos, dois corações — e, consequentemente, duas vidas! Nosso dinheiro nos compraria a imortalidade! Deixaríamos a morte para os pobres! Rá, rá, rá!

Me tragam a coroa. Finalmente ela encontrou o seu dono de direito!

## IX

A recepção de uma determinada obra de arte é parte da própria obra; ou melhor, a recepção (ou consumo!) da obra encerra todo o processo criativo envolvendo aquele objeto artístico específico. Então agora quero contar brevemente sobre como o romance *Caitaani Mũtharabainĩ* foi recebido. Foi lido por famílias. A família se reunia todas as noites e um dos integrantes alfabetizados lia para todos. Os trabalhadores também se reuniam em grupos, particularmente durante o intervalo de almoço, e escolhiam um deles para ler para todos. Foi lido nos ônibus; foi lido nos táxis; foi lido em bares.

Um aspecto divertido disso foi o desenvolvimento de "leitores profissionais" — mas nos bares. Eram pessoas que liam o livro em voz alta para outros fregueses que estavam bebendo, mas atentos. Quando o leitor chegava num episódio interessante e descobria que seu copo estava vazio, ele fechava o livro. "Dá outra cerveja pra ele!", gritavam alguns dos ouvintes para o proprietário. Assim, nosso leitor continuava até que seu copo estivesse novamente vazio. Ele fechava o livro e todo o drama se repetia, noite após noite, até o fim do romance.

O processo que estou descrevendo é realmente a apropriação do romance pela tradição oral. *Caitaani Mūtharabainī* foi recebido pela tradição imemorial da contação de histórias ao redor da fogueira; e a tradição da recepção da arte em grupo, que incrementa o prazer estético e provoca interpretação, comentários e discussões. Resquícios disso — o que costumava ser a norma, isto é, a recepção da arte em grupo — ainda podem ser encontrados no teatro e, em grau limitado, no cinema.

A distribuição do romance (e da peça *Ngaahika Ndeenda*, que foi publicada ao mesmo tempo) foi um desafio para as editoras. Logo ficou claro que a estrutura das livrarias, bibliotecas e outros centros de informação estava voltada a atender os setores urbanos educados em língua inglesa. A população urbana pobre e as áreas rurais realmente não tinham acesso a luxos envoltos em capas duras. Presume-se que sejam todos analfabetos — o que geralmente são — e pobres — o que a maioria é. Como é possível superar o isolamento que a pobreza e o analfabetismo impõem? Esses fatores não limitam severamente a recepção de, digamos, um romance? Tudo isso provavelmente é verdade: a pobreza e o analfabetismo de fato limitam severamente o acesso ao conhecimento e à informação. Isso é um problema estrutural que vai na base econômica e política de acessibilidade do conhecimento, da informação e da literatura. Mas, depois de certo tempo, instituições são criadas ao redor desse desenvolvimento desigual e desequilibrado. A falta de livrarias e de bibliotecas nas áreas rurais, onde a maioria vive, é um caso exemplar. Essas pessoas são pobres e analfabetas, portanto não podem comprar ou ler livros; assim, não há necessidade de ter livrarias ou bibliotecas. Mas como não há livrarias ou bibliotecas, as pessoas não têm acesso aos próprios meios de conhecimento e informação que poderão ajudá-las na sua tentativa de se organizar e romper com o ciclo de analfabetismo. É negado às escolas rurais o que está disponível gratuitamente nas partes mais ricas dos centros urbanos. O hábito de fazer o empréstimo de um livro numa biblioteca ou comprar um livro para ler, seja por prazer ou instrução fora da escola formal, mal é desenvolvido. Como vender romances para essas áreas?

Não havia uma solução real para o problema. As editoras frequentemente usavam suas vans como livrarias móveis. Elas experimentaram diferentes formas, como deixar vários exemplares em algumas lojas ou bancas com a possibilidade do comerciante devolver os exemplares não vendidos. Mas alguns leitores entusiasmados compravam os livros em lotes de cinco, dez ou vinte e, por iniciativa própria, levavam os exemplares para áreas rurais e plantações. Houve algumas surpresas. Um desses vendedores, Ngigĩ wa Wachiira, ao retornar para uma plantação onde um mês antes vendera dois ou três exemplares, foi recebido com presentes. Então lá longe tinha livros bons assim. Será que ele poderia trazer mais para eles? Sempre poderiam juntar os seus recursos para comprar um exemplar — e assim Ngigĩ se tornou um herói ao tornar *Caitaani Mũtharabainĩ* um romance disponível para eles!

Apesar das dificuldades, o romance vendeu muito bem — certamente para a satisfação comercial do "ousado" editor. Os editores imprimiram inicialmente apenas cinco mil exemplares, com a expectativa de vendê-los por um período de três a cinco anos. Em outras palavras, ficariam satisfeitos com uma venda anual de mil exemplares. Mas, um mês após a publicação, houve uma reimpressão de mais cinco mil exemplares e, no mesmo ano, foram reimpressos mais cinco mil. O romance foi lançado em abril de 1980. Em dezembro de 1980, haviam feito três tiragens, elevando o total a quinze mil exemplares. Nem mesmo com um romance em inglês eles conseguiram fazer tanto sucesso no Quênia no mesmo período de tempo. Os editores me disseram que o romance mantém uma venda anual de mil exemplares por ano, que se compara favoravelmente com os seus títulos mais vendidos em inglês e em kiswahili no Quênia.

O romance foi agora traduzido para o inglês, o sueco, o norueguês e o alemão. Há possibilidades de edições em russo e em japonês. Mas o mais importante foi a tradução do romance para o kiswahili, com o título *Shetani Msalabani*, uma comunicação direta entre as línguas gĩkũyũ e kiswahili no Quênia.

De fato, vejo esse tipo de comunicação entre as línguas africanas como formadora de uma fundação real para um romance genuinamente africano. Um romance escrito originalmente em igbo poderia vir a ser traduzido para o iorubá, e vice-versa. Um romance escrito em dholuo ou massai poderia vir a ser traduzido para duas, três ou mais línguas quenianas ou para línguas africanas fora do Quênia. Haveria, portanto, um diálogo real entre as literaturas, as línguas e as culturas das diferentes nacionalidades de um mesmo país — formando as fundações de uma literatura e de uma cultura verdadeiramente nacionais, uma sensibilidade verdadeiramente nacional! Dentro da África como um todo, haveria a fundação de uma sensibilidade verdadeiramente africana nas artes literárias. Isso também teria o efeito adicional de aprimorar a arte da tradução, que seria estudada em escolas e faculdades (outra carreira estaria aberta aos graduados!) e isso necessariamente significaria um estudo mais rigoroso e comprometido das línguas africanas. Cada coisa se alimentaria de todas as outras, num sentido dialético, para criar um movimento progressivo no romance e na literatura africana.

## X

O futuro do romance africano, então, é dependente de um escritor disposto (pronto para investir tempo e talento nas línguas africanas); um tradutor disposto (pronto para investir tempo e talento na arte de traduzir de uma língua africana para outra); um editor disposto (pronto para investir tempo e dinheiro) ou um estado progressista que substituiria as atuais políticas linguísticas neocoloniais e enfrentaria a questão nacional de uma forma democrática; e por fim (e o mais importante) um público leitor disposto e em expansão. Mas, de todos esses outros fatores, apenas o escritor está mais bem posicionado para romper o círculo vicioso e criar ficção em línguas africanas. O autor de ficção pode e deve ser um desbravador. Aconteceu historicamente em outros países, como Rússia e Finlândia. Depois os outros fatores seguirão. Quando esse dia chegar, quando o autor africano se voltar às línguas africanas para sua imaginação criativa de forma natural, o romance africano irá verdadeiramente chegar às alturas, incorporando em si próprio todos os recursos desenvolvidos nas diferentes partes da África pelas diferentes culturas dos povos africanos, assim como os melhores recursos progressistas do romance ou da ficção desenvolvidos na Ásia, na América Latina, na Europa, na América Anglo-Saxônica e no mundo.

É, portanto, muito cedo para se chegar a qualquer conclusão sobre a identidade da linguagem da ficção africana e particularmente do romance africano. E aqui também estou falando de ficção como uma linguagem. Mas estou convencido de que ela encontrará sua forma e identidade através da reconexão com a corrente principal das lutas dos povos africanos contra o imperialismo e do seu enraizamento nas ricas tradições orais do campesinato. Ao fazer isso, terá um papel dos mais cruciais na busca geral da África por relevância.

## Notas

1. **"Nenhum desastre humano,** com exceção do dilúvio (se essa lenda bíblica for verdadeira), pode se igualar em dimensão e destrutividade ao cataclismo que sacudiu a África. Todos estamos familiarizados com o tráfico de escravos e o efeito traumático que isso teve nas populações negras transplantadas, mas poucos de nós percebem quais horrores foram cometidos na própria África. Vastas populações foram removidas e deslocadas, gerações inteiras desapareceram, doenças europeias chegaram, como a praga, dizimando tanto gado quanto pessoas, cidades e vilas foram abandonadas, laços familiares se desintegraram, reinos desmoronaram, o tecido da continuidade cultural e histórica foi tão selvagemente despedaçado que, dali em diante, teríamos que pensar em duas Áfricas: uma *antes* e outra *depois* do holocausto". Ivan Van Sertima, New Brunswick, Londres: 1984, p. 8.

2. **Ngũgĩ wa Thiong'o,** *Homecoming*. Londres: 1972, p. 16-17.

3. **Ngũgĩ wa Thiong'o,** *Detained: a writer's prison diary*. Londres: 1981, p. 196.

4. **Markus Cleven,** *Nordbayerischer Kurier*. 6 de julho de 1984.

5. **A filosofia do presidente Moi** do Quênia se chama Nyayoísmo, isto é, "siga meus passos". Recentemente ele fez uso dessa filosofia em palavras que superam os mais inventivos gênios da sátira, quando exigiu que todos os quenianos cantem como papagaios:

Senhoras e senhores, nós quenianos somos felizes, apesar de haver seca generalizada. Gostaria de dizer, enquanto estou aqui com vocês, que para o progresso ser alcançado não deverá haver debates nos jornais sobre isso ou aquilo. O que é preciso é que o povo trabalhe de uma forma adequada (...)

Convoco todos os ministros, ministros-assistentes e cada pessoa a cantar como papagaios. Durante o período de Mzee Kenyatta, eu persistentemente cantei a [canção de] Kenyatta até que as pessoas disseram: 'Esse sujeito não tem nada [a dizer] a não ser cantar para Kenyatta. Eu digo: não tive ideias próprias. Por que deveria ter minhas próprias ideias? Eu estava ocupando o lugar de Kenyatta e, portanto, tinha que cantar o que Kenyatta quisesse. Se eu cantasse outra canção, vocês acham que o Kenyatta me deixaria em paz? Portanto, vocês devem cantar a canção que eu canto. Se eu colocar um ponto final, vocês também deverão colocar um ponto final. É assim que o país irá para frente. No dia em que vocês se tornarem uma grande pessoa, terão a liberdade para cantar sua própria canção e todo mundo a cantará...". Trecho do discurso do presidente Moi ao retornar de Adis Abeba, em 13 de setembro de 1984.

O que supera todas as descrições satíricas é o fato de alguns acadêmicos, jornalistas e, é claro, a maioria dos membros do parlamento e ministros estarem ecoando cada palavra de Moi, como papagaios. Eles não têm nada a dizer pelos seus colegas enfrentando acusações falsas ou detenções sem julgamento, mas são volúveis em relação a qualquer pessoa rotulada como "dissidente" pelo regime neocolonial.

# A CULTURA É UM PRODUTO DA HISTÓRIA

# QUE, POR SUA VEZ, A REFLETE.

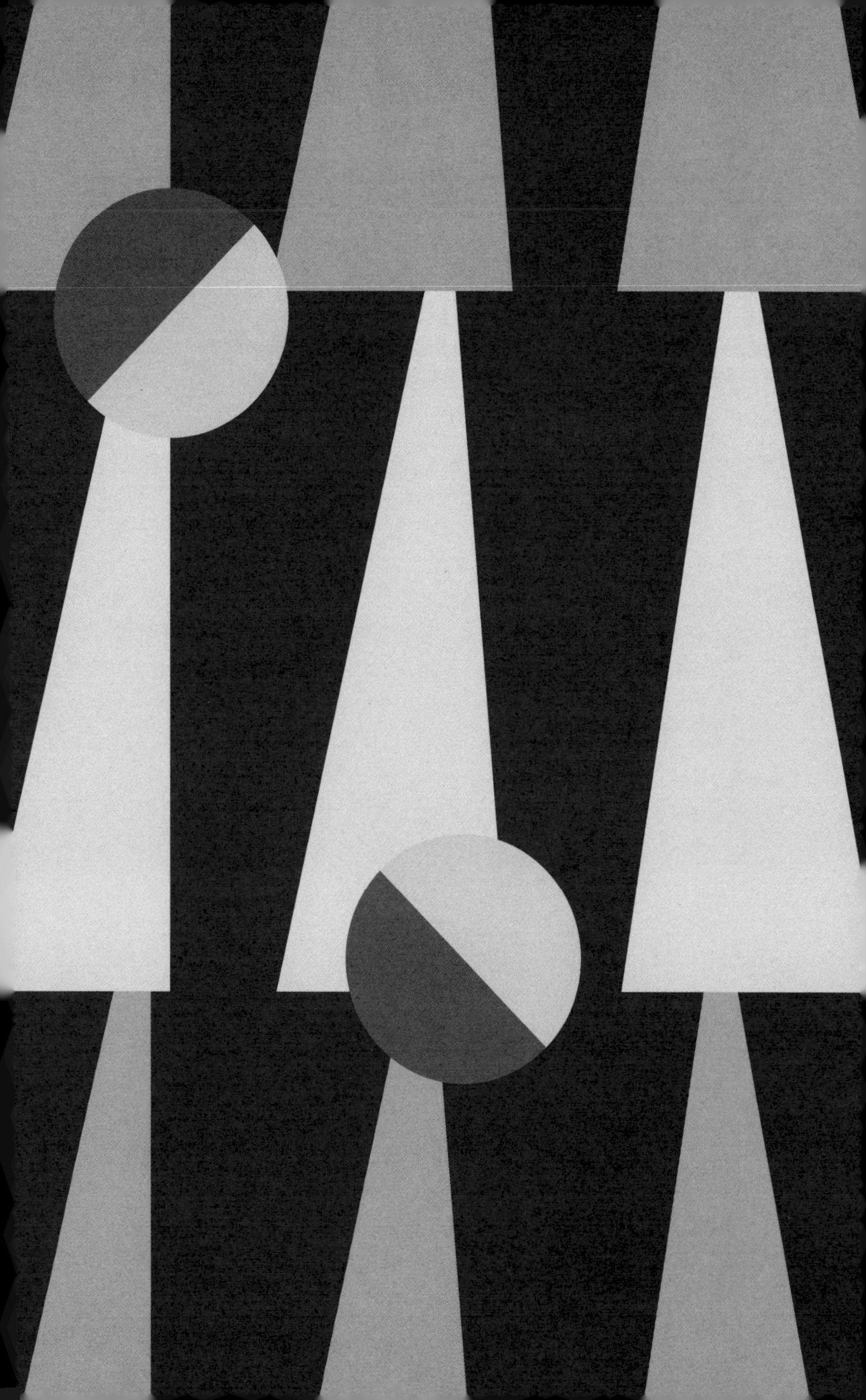

# 4 A BUSCA POR RELEVÂNCIA

Até então falei sobre a língua na literatura criativa em termos gerais e no teatro e na ficção em particular. Deveria falar sobre "a linguagem da poesia africana", mas os mesmos argumentos se aplicam de forma ainda mais dolorosa na área da poesia. A existência e o crescimento contínuo de poesia nas línguas africanas, clara e inequivocamente também na oratura, fazem com que seja comprovadamente absurdo falar de poesia africana em inglês, francês ou português. Poesia afro-europeia, sim; mas não deve ser confundida com poesia africana, que é a poesia composta por africanos em línguas africanas. Por exemplo, a poesia escrita em suaíli remonta a muitos séculos. Enquanto as composições poéticas e políticas de Hassan, o grande guerreiro anti-imperialista somali, serão conhecidas de cor por cada pastor falante de somali, nem mesmo um verso dos melhores poetas africanos em língua estrangeira será conhecido por qualquer camponês, em qualquer lugar que seja na África. Quanto à discussão da outra linguagem da poesia — em que a poesia, como o teatro e a ficção, é considerada uma linguagem em si mesma, com suas próprias estruturas de ritmo, métrica, rimas, meias-rimas, rimas internas, versos e imagens —, ela requer recursos diferentes, inclusive um conhecimento das línguas africanas específicas da sua expressão, que não posso, no presente momento, sequer fingir possuir.

Em vez disso, tentarei resumir o que estamos discutindo até agora com a observação daquilo que está imediatamente por trás das políticas linguísticas na literatura africana; ou seja, a busca por uma perspectiva libertadora, dentro da qual nos enxergamos claramente em relação a nós mesmos e em relação aos outros no universo. Chamarei isso de "a busca por relevância" e quero analisá-la na medida em que se relaciona não apenas com a escrita literária, mas com o ensino dessa literatura em escolas e universidades e com as abordagens críticas. Em outras palavras, considerando que há literatura na África e no mundo, em qual ordem ela deveria ser apresentada à criança e como? Isso envolve dois processos: a escolha do material e a atitude para com o material (ou a interpretação dele). Esses dois processos vão afetar e ser afetados pelas bases nacionais e de classe da escolha e da atitude para com o material escolhido. Por fim, as bases nacionais e mesmo as bases de classes da nossa escolha e perspectiva afetarão e serão afetadas pela base filosófica pela qual observamos a realidade, uma questão sobre a qual nunca poderá haver qualquer legislação. Já, como podemos ver, estamos amarrados numa espécie de círculo vicioso em que tudo afeta e é afetado pelo resto. Mas explicarei a questão da base.

A forma como enxergamos uma coisa — mesmo com os nossos olhos — depende muito de onde estamos em relação a essa coisa. Por exemplo, estamos todos nesta sala de aula. Mas o que enxergamos da sala e o quanto enxergamos depende de onde estamos sentados ao assistir essa aula. Por exemplo, todos vocês podem ver a parede atrás de mim, e eu posso ver a parede atrás de vocês. Alguns de vocês estão sentados em lugares que fisicamente permitem enxergar muito mais dessa sala do que outros. O que é claro é que, se tivéssemos que deixar essa sala e descrevê-la, teríamos uma quantidade de descrições tão grande quanto o número de pessoas que estão aqui hoje. Conhecem a história dos sete homens cegos que foram ver um elefante? Eles costumavam ter muitas especulações antagônicas sobre a estrutura física de um elefante. Agora enfim teriam a chance de tocá-lo e senti-lo. Mas cada um tocou uma parte diferente do animal: perna, orelha, presas, rabo, tromba, barriga. Assim, foram para casa ainda mais divididos em relação à natureza física, ao formato e ao tamanho de um elefante. Eles obviamente ficaram em posições ou bases físicas diferentes no seu exame do elefante. No entanto, a base não precisaria ser física; poderia ser também filosófica, nacional ou de classe.

Neste livro, tenho apontado que a forma como nos enxergamos, e até mesmo como enxergamos o nosso meio, depende muito de onde nos posicionamos em relação ao imperialismo nas suas etapas coloniais e neocoloniais; e que, se quisermos fazer alguma coisa sobre nosso ser individual e coletivo hoje, temos que olhar com frieza e consciência para o que o imperialismo tem feito conosco e com a visão que temos de nós mesmos no universo. Certamente a busca por relevância e por uma perspectiva correta só pode ser compreendida e significativamente resolvida dentro do contexto da luta geral contra o imperialismo.

Não é sempre fácil ver isso na literatura. Mas, precisamente por conta disso, quero usar o exemplo da luta por aquilo que deve ser ensinado e em qual ordem, com quais atitudes ou abordagens críticas, para ilustrar o contexto anti-imperialista da busca pela relevância na África dos dias atuais. Quero começar com uma breve descrição do que tem sido chamado de "o grande debate da literatura de Nairóbi" no ensino de literatura em universidades e escolas.

O debate começou de maneira inócua quando, em 20 de setembro de 1968, o então chefe do Departamento de Língua Inglesa, Dr. James Stewart, apresentou propostas para o conselho da Faculdade de Artes desenvolver o Departamento de Língua Inglesa. As propostas eram pertinentes em muitos aspectos, mas todas eram precedidas por duas frases cruciais:

> O Departamento de Língua Inglesa tem uma longa história nesta instituição e construiu um forte currículo, o qual, *pelo seu estudo da continuidade histórica de uma única cultura ao longo do período de aparecimento do Ocidente moderno,* o torna um importante companheiro à História e aos estudos de Filosofia e Religião. No entanto, está fadado a se tornar menos *britânico*, mais aberto a outras escritas em inglês (americano, caribenho, africano e da Commonwealth) e à escrita continental, para fins comparativos[1].

Um mês depois, em 24 de outubro de 1968, três professores e pesquisadores africanos da universidade responderam as propostas do Dr. Stewart, solicitando a abolição do Departamento de Língua Inglesa na sua forma então constituída. Eles questionaram a subjacente suposição de que a tradição inglesa e o aparecimento do Ocidente moderno eram as raízes centrais da consciência e herança cultural do Quênia e da África. Rejeitaram a subjacente noção de que a África era uma extensão do Ocidente. Então seguiu-se a réplica:

> Aqui, portanto, está nossa principal questão: se há a necessidade de um "estudo da continuidade histórica de uma única cultura", por que ela não pode ser a africana? Por que a literatura africana não pode estar ao centro, para que possamos ver as outras culturas em relação a ela?[2]

Foi um escândalo. Pelo resto do ano de 1968, e se estendendo por 1969, o debate seguiu acalorado, alastrando-se por toda a universidade. Portanto, com quatro frases, o palco estava armado para o que veio a se tornar o debate mais crucial sobre políticas de literatura e cultura, mesmo no Quênia dos dias de hoje. O interessante foi que os detalhes do debate eram os mesmos: todas as partes concordavam com a necessidade de incluir literaturas africanas, europeias e de outras regiões. Mas o que seria o centro? E o que seria a periferia, por assim dizer? Como o centro se relacionaria com a periferia? Logo, a questão da base do ponto de partida, toda a questão de perspectiva e relevância, alterou o peso e a relação de várias partes e detalhes umas com as outras.

Para ver o significado do debate e por que ele fez os ânimos se exaltarem, temos que colocá-lo num contexto histórico de ascensão dos estudos da língua inglesa na África, do tipo de literatura que um estudante africano provavelmente encontraria e do papel da cultura na dominação imperialista da África.

■■■

Os estudos de língua e literatura inglesa nas escolas e instituições de educação superior foram sistematizados depois da Segunda Guerra Mundial, com a criação de extensões da Universidade de Londres em Uganda, Nigéria, Gana, Serra Leoa, Quênia e Tanzânia; com pouquíssimas variações, elas ofereciam o que também poderia ser obtido em Londres. O currículo do Departamento de Língua Inglesa, por exemplo, consistia em estudar a história da literatura inglesa de Shakespeare, Spencer e Milton a James Joyce, T. S. Eliot, I. A. Richards e o inevitável F. R. Leavis. A busca de Matthew Arnold pela doçura e luz de uma classe média inglesa helenizada; a alta cultura de uma tradição feudal anglo-católica de T. S. Eliot, suspeitosamente próxima da cultura das "elites acadêmicas" e das doutrinas raciais daqueles nascidos para liderar; a seleta "grande tradição da literatura inglesa" de Leavis e sua insistência na significância moral da literatura; esses três grandes dominavam nossos ensaios diários. Quantos seminários gastamos detectando a significância moral em cada parágrafo, cada palavra, até mesmo nas vírgulas e pontos finais de Shakespeare? Por alguma razão, as duas mentes críticas mais brilhantes e que poderiam ter tornado o meu estudo da literatura inglesa algo verdadeiramente significativo, mesmo no meio colonial — Arnold Kettle e Raymond Williams —, foram estudados, se é que foram, apenas de forma remota e efêmera no período de

1959 a 1964. Mas aqui não estou observando qual autor ou crítico era mais adequado para a nossa situação, tampouco as diferenças nas suas visões de mundo. O mais importante era que todos eles faziam parte da tradição inglesa, com exceção do estudo do teatro, em que nomes como Ésquilo, Sófocles e Aristóteles ou Ibsen, Tchekhov, Strindberg e Synge pareciam pitorescos e estranhos no seu aspecto extremamente não inglês. A centralidade e universalidade da tradição inglesa foi resumida no título da aula inaugural pelo professor Warner, de Makerere, *Shakespeare na África*, quando ele ficou quase extasiado com o fato de que alguns dos seus alunos conseguiram reconhecer alguns personagens dos romances de Jane Austen nos seus vilarejos africanos. Assim, a literatura inglesa era aplicável à África também: a defesa dos estudos de língua inglesa numa situação africana estava agora completa. Nas escolas, os currículos de língua e literatura inglesa eram feitos sob medida para preparar os seletos sortudos para uma graduação em língua inglesa na universidade. Assim, os currículos tinham o mesmo padrão. Shakespeare, Milton, Wordsworth, Shelley, Keats e Kipling eram velhos conhecidos muito antes de eu saber que teria uma vaga em Makerere.

No meu livro *Writers in politics* — particularmente no ensaio *Literatura e sociedade* —, tentei resumir o tipo de literatura disponível para as crianças africanas nas salas de aulas e bibliotecas durante seu ensino escolar e universitário, classificando-o em três grandes categorias:

Primeiro, havia a grande tradição humanista e democrática da literatura europeia: Ésquilo, Sófocles, Shakespeare, Balzac, Dickens, Dostoiévski, Tolstói, Gorki e Brecht, para citar apenas alguns nomes. Mas a literatura deles, mesmo a mais humana e universal, refletia a experiência europeia da história. O mundo do seu cenário e o mundo que ela evocava seria mais familiar a uma criança que cresceu naquele mesmo ambiente que a uma criança que cresceu fora dele, independentemente do quanto essa criança tentasse enxergar as personagens de Jane Austen nas mulheres fofoqueiras do seu cenário africano. Isso era acentuado por uma tradição crítica que frequentemente apresentava esses autores, inclusive Shakespeare, como gênios estúpidos cujo único atributo consistente era um senso de compaixão. Esses autores, que tinham as observações mais aguçadas e penetrantes sobre a cultura burguesa europeia, eram frequentemente estudados como se as suas únicas preocupações fossem os temas universais do amor, do medo, do nascimento e da morte. Às vezes a sua grandeza era apresentada como mais uma dádiva dos ingleses ao mundo, juntamente com a bíblia e a agulha. William Shakespeare e Jesus Cristo trouxeram luz à mais negra África. Havia um professor na nossa escola que costumava dizer que Shakespeare e Jesus falavam um inglês muito simples, até alguém apontar que Jesus falava hebraico. A "grande tradição" da literatura inglesa era a grande tradição da "literatura"!

Depois havia a literatura dos europeus liberais que frequentemente usavam a África como o tema das suas explorações imaginativas. O melhor exemplo é *Cry the beloved country,* de Alan Paton. Aqui, um africano que evita a violência, apesar da violência racista ao seu redor, é o herói perfeito. O reverendo Stephen Kumalo é apresentado de forma a ter toda a nossa simpatia. É a personificação do homem bíblico, que oferece a face esquerda para um tapa após o mesmo inimigo ter acertado sua face direita. Kumalo é a versão literária mais antiga num cenário africano daqueles americanos dos anos 70 que achavam que poderiam parar a guerra do Vietnã soprando bolhas de sabão e distribuindo flores para policiais armados com cassetetes e revólveres. Joyce Cary, em *Mister Johnson,* foi ainda mais longe no seu liberalismo. Nesse romance, ele apresentou um africano idiota como o herói. Mister Johnson é o africano dançarino e amante da diversão, cheio da vitalidade emocional e do cativante calor humano de uma criança. No romance, ele é condenado à morte. Qual era seu maior desejo? Ser fuzilado pelo dirigente distrital europeu. O dirigente distrital concede o pedido. Não fazemos o mesmo com nossos cavalos e gatos? A questão é que, no romance, se espera que o leitor admire tanto o dirigente distrital quanto Mister Johnson: eles estabeleceram contato humano — de cavaleiro e cavalo, de amo e servo. *A fazenda africana,* de Karen Blixen, se encaixa nos mesmos moldes liberais: para ela, os africanos são uma espécie extraordinária de seres humanos, dotados de grande espiritualidade e uma apreensão mística da realidade ou, então, com o instinto e a vitalidade dos animais, características que "nós, na Europa", perdemos.

A terceira categoria era a literatura completamente racista de autores como Rider Haggard, Elspeth Huxley, Robert Ruark e Nicholas Monsarrat. Nesta literatura, só havia dois tipos de africanos: os bons e os maus. O bom africano era o que cooperava com o colonizador europeu, especialmente o africano que ajudava o colonizador europeu na ocupação e subjugação do seu próprio povo e país. Tal personagem era retratado com características de força, inteligência e beleza. Mas era a força, a inteligência e a beleza de um vendido. O personagem do africano mau era aquele que oferecia resistência à conquista e à ocupação estrangeira do seu país. Tal personagem era retratado como sendo feio, fraco, covarde e ardiloso. A simpatia do leitor é guiada de tal forma a fazer ele se identificar com africanos que colaboram com o colonialismo e se distanciar daqueles que oferecem resistência política e militar a ele. É possível ver o mesmo esquema operando hoje na apresentação, na mídia ocidental, dos vários regimes africanos. Esses regimes, como os do Quênia e da Costa do Marfim, que praticamente hipotecaram o futuro dos seus países ao imperialismo euro-americano, são apresentados como pragmáticos, realistas, estáveis, democráticos e frequentemente mostrados como tendo alcançado um crescimento econômico sem igual para os seus países. Mas outros regimes, como a Gana de Nkrumah ou o Egito de Nasser, que se esforçaram para obter um grau de autodeterminação nacional, são apresentados como simplistas, não realistas, doutrinários, autoritários e frequentemente mostrados como tendo apenas levado caos econômico aos seus países. Logo, a literatura imaginativa criou os vocabulários e símbolos racistas necessários muito antes da televisão e da mídia popular dominarem a cena.

Crianças africanas que encontravam a literatura em escolas e universidades coloniais estavam, assim, vivenciando o mundo como definido e refletido na experiência europeia da história. Toda a sua maneira de ver o mundo, mesmo o mundo do meio imediato, era eurocêntrica. A Europa era o centro do universo. A Terra se movia ao redor do eixo acadêmico intelectual europeu. As imagens que as crianças encontravam na literatura eram reforçadas pelo seu estudo de geografia e história e de ciência e tecnologia, onde a Europa era mais uma vez o centro. Isso consequentemente se encaixou bem com os imperativos culturais do imperialismo britânico. Neste livro, eu tentei na verdade mostrar como o controle econômico do povo africano foi exercido por meio da política e da cultura. O controle econômico e político de um povo jamais poderá estar completo sem o controle cultural, e a prática acadêmica literária, independentemente de qualquer interpretação e tratamento individual da prática, se encaixou bem ao objetivo e à lógica do sistema como um todo. Afinal, as universidades e faculdades fundadas nas colônias depois da guerra tinham como objetivo produzir uma elite nativa que mais tarde apoiaria o império. O servo frio e sensato do império, celebrado no poema de Kipling, *Se*; o cavalheiro que conseguia se manter calmo diante das crescentes tempestades da resistência; o cavalheiro que se encontraria com o triunfo e o desastre e trataria esses dois impostores da mesma maneira; o cavalheiro que não tinha a menor dúvida sobre o colonialismo ser o correto, apesar dos clamores de dúvida ao seu redor; a esse cavalheiro agora davam trajes africanos nas escolas e universidades do pós-guerra de um imperialismo que envelhecia.

As estruturas dos estudos literários que evoluíram nas escolas e universidades coloniais continuaram por muito tempo na era da independência, passando completamente incólumes por quaisquer ventos de mudança cultural. A ironia disso era que esses departamentos estavam operando em países onde a tradição oral, a base de todos os gêneros de literatura escrita — seja um poema, uma peça ou uma história —, pulsava com vida e energia. E ainda assim eles passavam ilesos pela tempestade criativa que surgia ao seu redor. O estudo da continuidade histórica de uma única cultura durante o período de surgimento do Ocidente moderno ainda era o princípio que regia o ensino da literatura nas escolas e faculdades.

Diante desse cenário, a rejeição desse princípio em 1968 foi, portanto, mais do que uma rejeição de um princípio em um debate literário acadêmico. Foi o questionamento das suposições subjacentes por trás de todo um sistema que herdamos e que continuamos a aplicar sem questionamentos básicos sobre perspectiva e relevância nacionais. A questão é essa: de qual base observamos o mundo?

## IV

Eu e outros dois docentes, Owuor Anyumba e Taban Lo Liyong, fomos categóricos na nossa rejeição e afirmação. Nossa declaração dizia:

> Nós rejeitamos a primazia da literatura e da cultura inglesa. O objetivo, em resumo, deveria ser nos orientarmos para pôr o Quênia, a África Oriental e, então, a África no centro. Todas as outras coisas devem ser consideradas de acordo com a sua relevância em relação à nossa situação e a sua contribuição à compreensão de nós mesmos... Ao sugerir isso, não estamos rejeitando outras correntes, principalmente a corrente ocidental. Apenas estamos mapeando claramente as direções e as perspectivas que o estudo da cultura e da literatura inevitavelmente tomará numa universidade africana[3].

Propusemos um novo princípio organizador que significaria um estudo de literatura queniana e africana oriental, literatura africana, literatura do Terceiro Mundo e literatura do resto do mundo. Concluímos:

> Queremos estabelecer a centralidade da África no departamento. Isso, temos defendido, é justificável em diversos aspectos, o mais importante deles sendo o fato de que a educação é um meio de conhecimento sobre nós mesmos. Portanto, depois de

nos examinarmos, nós nos irradiamos e descobrimos povos e mundos ao nosso redor. Com a África ao centro, não existindo como um apêndice ou um satélite de outros países e literaturas, as coisas precisarão ser vistas da perspectiva africana[4].

Mas nosso pedido mais ousado foi para colocar dentro da perspectiva nacional a literatura oral no centro do currículo:

> A tradição oral é rica e multifacetada... A arte não acabou ontem; é uma tradição viva... Familiaridade com a literatura oral poderia sugerir novas estruturas e técnicas; e poderia fomentar atitudes mentais caracterizadas pela propensão à experimentação de novas formas... O estudo da tradição oral iria, assim, suplementar (e não substituir) cursos de literatura africana moderna. Ao descobrir e proclamar lealdade a valores nativos, a nova literatura, por um lado, seria inserida no fluxo da história ao qual pertence e, portanto, seria mais bem apreciada. E, por outro lado, seria mais capaz de abraçar e assimilar outros pensamentos sem perder suas raízes[5].

A oratura tem suas raízes nas vidas do campesinato. São primeiramente as suas composições, suas canções, sua arte que formam a base da cultura nacional e de resistência durante tempos coloniais e neocoloniais. Nós três estávamos, assim, pedindo pela centralidade do patrimônio do camponês e do trabalhador no estudo de literatura e cultura.

O novo princípio organizador foi aceito depois de um longo debate que engoliu toda a universidade e que, em determinado momento, também incluiu todos os participantes da Nairobi Conference of English and Literature Departments of the Universities of East and Central Africa, em 1969. Oratura africana; literatura por africanos do continente, do Caribe e da Afro-América; literatura dos povos do "Terceiro Mundo" da Ásia e da América Latina; literatura do resto do mundo, incluindo Europa e América do Norte. Aproximadamente nessa ordem de relevância, relação e perspectiva, elas formariam a base de um novo currículo de literatura com o inglês como língua mediadora. O currículo que de fato resultou do debate de 1968 e 1969 foi uma conciliação. Por exemplo, a poesia da África Oriental deveria ser ensinada no seu *contexto europeu*. Foi somente em 1973, quando a maioria do pessoal do departamento passou a ser composta por africanos, que o currículo foi aprimorado para refletir as novas perspectivas sem uma apologia qualificadora.

O crescimento do Departamento de Literatura na Universidade de Nairóbi, um departamento que produziu alunos que podem, a partir do seu meio, articular livremente as experiências rurais e urbanas da literatura queniana e africana àquelas de García Márquez, Richard Wright, George Lamming, Balzac, Dickens, Shakespeare e Brecht, está muito distante daqueles dias nos anos 50 e 60, quando eles costumavam tentar detectar as personagens de Jane Austen nas suas vilas.

▼

Mas este não foi o fim do debate da literatura de Nairóbi[6]. Em setembro de 1974, uma conferência crucial, com o tema "o ensino da literatura africana nas escolas quenianas", foi realizada na Nairobi School. A conferência foi organizada pelo Departamento de Literatura da Universidade de Nairóbi, em conjunto com a Inspetoria de Língua Inglesa do Ministério da Educação. Duzentos professores de literatura em língua inglesa do ensino médio compareceram; o corpo docente dos departamentos de literatura e das faculdades de educação da Universidade de Nairóbi e da Kenyatta University College; representantes dos departamentos de literatura das universidades de Dar es Salaam, Makerere e Malawi; representantes da Inspetoria de Língua Inglesa do Ministério da Educação; observadores do Ministério da Educação da Tanzânia e de Uganda; representantes da então Comunidade da África Oriental; do Conselho Examinador da África Oriental; do Serviço de Literatura da África Oriental, representantes sindicais do Sindicato Nacional de Professores do Quênia (KNUT); e quatro editoras: Jomo Kenyatta Foundation, Serviço de Literatura da África Oriental, East Africa Publishing House e Oxford University Press. Como se para dar um caráter ainda mais verdadeiramente internacional ao evento, havia representantes da Universidade das Índias Ocidentais, de Mona (da Jamaica), da Universidade de Ife (da Nigéria) e da Universidade de Auckland (da Nova Zelândia). Essa reunião impressionante foi o resultado de um forte esforço de organização do comitê diretivo, presidido por Eddah Gachukia e S. A. Akivaga.

A conferência foi claramente motivada pela mesma busca por relevância que anteriormente levara à reconstituição do Departamento de Literatura. Nas recomendações de um comitê de trabalho eleito pela conferência, argumentou-se que:

> Antes da independência, o ensino no Quênia era um instrumento da política colonial, concebido para ensinar a população do Quênia a aceitar seu papel como colonizados. O sistema de ensino na independência era, portanto, uma herança do colonialismo, de tal maneira que os currículos de literatura

eram centrados no estudo de uma tradição literária inglesa ensinada por professores ingleses. Tal situação significava que as crianças quenianas estavam alienadas da sua própria vivência e identidade num país africano independente[7].

Abordando questões de linguagem e literatura, uma resolução aprovada ao final da conferência declarou:

> Os currículos de língua e literatura atuais são inadequados e irrelevantes para as necessidades do país. Eles são organizados de tal modo que uma criança queniana se conhece por meio de Londres e Nova Iorque. Ambos devem, portanto, ser completamente revisados em todos os níveis do nosso sistema educacional e, particularmente, nas escolas[8].

A conferência, que foi encarregada de examinar o papel da literatura na sociedade e a natureza da literatura ensinada nas escolas secundárias, bem como sua relevância para as necessidades do Quênia dos dias de hoje, exigiu a centralidade da literatura oral como um ponto de partida para a literatura contemporânea. Argumentou-se que uma política educacional sólida seria aquela que possibilitasse aos alunos estudar a cultura e o ambiente da sua sociedade primeiro, para depois enquadrá-la em relação à cultura e ao ambiente de outras sociedades: "A literatura africana, a literatura da diáspora africana e todas as outras literaturas de vivências relacionadas precisam estar no centro dos currículos"[9]. Um comitê de trabalho organizado pela conferência, com Douglas Blackburn como presidente e R. Gacheche como secretário, desenvolveu recomendações detalhadas sobre a política e os currículos, de acordo com os princípios descritos na resolução da conferência. O documento de setenta e três páginas se intitulava *Teaching of literature in Kenya secondary schools: recommendations of the working committee* e foi claramente o resultado de meses de árduo trabalho e empenho.

Analisando o documento dez anos depois, ficamos impressionados, não tanto pela crítica aos currículos existentes ou pelas detalhadas propostas de mudança —embora ambas impressionem e ainda sejam relevantes para debates e questões similares nos dias de hoje —, mas pela consciência que guiou a crítica e as propostas.

A consciência pan-africana é forte. Os autores veem a África como uma só e rejeitam a divisão da África em subsaariana (África Negra, África Real) e África setentrional (África Árabe, Estrangeira, Mediterrânea). Eles querem que uma criança queniana seja exposta à literatura da África do Norte, do Sul e do Leste:

> A milenar civilização árabe exerceu tremenda influência na literatura da África setentrional moderna e também em muitas partes do continente. Até o momento, a sua influência foi negada pelos nossos educadores, e a literatura da África setentrional e do mundo árabe tem sido amplamente ignorada[10].

Os autores querem buscar a conexão da África com os quatro cantos do planeta, por assim dizer, e querem que as crianças quenianas sejam expostas a esses vínculos históricos de biologia, cultura e luta, particularmente na literatura afro-americana e caribenha:

> Com frequência perguntam: por que estudar literatura afro-americana e caribenha? Quais são as conexões entre o africano, o caribenho e o afro-americano?

a) Temos as mesmas raízes biogeográficas: as pessoas do Caribe e da Afro-América são africanas que, algumas centenas de anos atrás, foram brutalmente removidas do continente africano.

b) Compartilhamos o mesmo passado de humilhação e exploração sob a escravidão e o colonialismo; também compartilhamos o passado glorioso de luta e combatemos a mesma força.

c) De igual importância, temos as mesmas aspirações pela libertação total de toda a população negra no mundo.

A literatura deles, como a nossa, incorpora todos os aspectos supracitados da *nossa luta por uma identidade cultural.*

Além disso, os povos africanos da diáspora contribuíram muito para o crescimento cultural e político da África. Blyden, C. L. R. James, George Padmore, W. E. Dubois, Marcus Garvey e muitos outros foram parte fundamental da luta da África pela independência. Os movimentos literários do Caribe e da Afro-América interagiram criativamente com aqueles da África. Aimé Césaire, Frantz Fanon, Claude McKay, Langston Hughes, Léon Damas, René Dépestre, Paul Robeson — todos esses gigantes da cultura e das artes contribuíram positivamente para o crescimento da literatura africana. A maioria desses comentários se aplica igualmente bem à literatura do Terceiro Mundo, especialmente a da Ásia e da América Latina[11].

África. Conexões africanas. Terceiro Mundo. De fato, os autores do documento estão muito conscientes do cenário e do contexto internacionalista da experiência nacional. Como o departamento de literatura da universidade, que tinha consciência do imenso valor da literatura mundial, eles também se recusaram a substituir o chauvinismo colonial britânico dos currículos existentes pelo chauvinismo nacional. Uma criança queniana seria exposta à literatura mundial e à tradição democrática dessa literatura.

> De acordo com o princípio de ensino, começando a partir do ambiente imediato dos alunos e se movimentando em direção ao mundo, o ensino de literatura não africana nas escolas deve ter como objetivo introduzir o aluno queniano ao *contexto mundial da experiência negra*. Tal estudo deve, portanto, incluir literatura europeia e americana, com suas influências históricas e atuais nas sociedades e literaturas dos povos negros, e um estudo da literatura de outras partes do Terceiro Mundo, como América Latina e Ásia. Os critérios para a seleção devem tentar equilibrar: excelência literária, relevância social e interesse narrativo. *O objetivo é instigar no estudante uma paixão crítica pela literatura, que irá tanto incentivar a sua busca nos anos posteriores quanto garantir que essa busca seja feita de forma proveitosa...* Considerando a natureza da sociedade queniana, recomendamos que seja dada atenção para a literatura que expressa a experiência de uma sociedade em mudança e que se garanta que uma variedade de experiências de diferentes classes da sociedade seja abordada[12].

Suas recomendações para o ensino da literatura mundial esbarram na questão da língua; e eles têm autores que incluem Tolstói, Gogol, Gorki, Dostoiévski (russos); Zola, Balzac, Flaubert (franceses); Ibsen (norueguês); Faulkner, Arthur Miller, Upton Sinclair, Hemingway (estadunidenses), Dickens, Shakespeare, Conrad, Yeats, Synge (britânicos e irlandeses); Mann e Brecht (alemães). Eles veem a necessidade ou a inevitabilidade do uso continuado da língua inglesa, mas pedem veementemente que o suaíli seja tornado obrigatório em todas as escolas e especialmente para os estudantes de inglês, literatura e teatro.

> Um programa claro de literatura suaíli deve ser introduzido e tornado obrigatório nas escolas.
>
> *Cada língua tem sua própria base social e cultural e essas são fundamentais na formação de processos mentais e julgamentos de valores.* Embora seja aceito que usamos inglês e continuaremos a usá-lo por um longo período, a força e a profundidade da nossa fundação cultural dependerão, em última análise, da nossa capacidade de invocar o idioma da cultura africana numa língua que está mais próxima dela. O suaíli tem um amplo e crescente papel a desempenhar no Quênia e precisa receber uma ênfase maior do que vem recebendo.
>
> Um passo imediato que deveria ser tomado para cumprir esse objetivo seria o treinamento de um número adequado de professores de suaíli[13].

Em suma, o relatório é permeado do início ao fim pela consciência de que a literatura é um poderoso instrumento para evoluir o ethos cultural de um povo. Eles veem a literatura como parte de todo o mecanismo ideológico para integrar um povo aos valores de uma classe, raça ou nação dominantes. O imperialismo, particularmente durante o colonialismo, oferece o melhor exemplo de como a literatura enquanto elemento de cultura foi utilizada na dominação da África. O relatório observa:

> Que a África, como continente, foi vítima de forças de exploração colonial, opressão e degradação humana. No campo da cultura, ela foi ensinada a olhar para a Europa como sua professora e centro da civilização humana e a si própria como

aluna. Nesse evento, a cultura ocidental se tornou o centro do processo de aprendizado da África, enquanto a África foi relegada ao segundo plano. A África, de forma acrítica, se imbuiu de valores que eram estrangeiros e que não tinham nenhuma relevância imediata para a sua gente. Assim, foi degradada a riqueza do patrimônio cultural da África e seu povo foi rotulado como primitivo e selvagem. Os valores do colonizador foram colocados em destaque e, no processo, desenvolveram um novo africano, que negava a sua imagem original e exibia uma considerável falta de confiança no seu potencial criativo[14].

Os escritores ficam, portanto, chocados que currículos desenvolvidos para atender as necessidades do colonialismo tenham continuado muito depois da independência.

Observou-se com choque e preocupação que, mesmo dez anos após a independência, em praticamente todas as escolas da república, nossos estudantes ainda estavam sendo *submetidos a valores culturais estrangeiros que não têm sentido, principalmente para as nossas necessidades atuais*. Quase todos os livros utilizados nas nossas escolas foram escritos por autores estrangeiros; de cinquenta e sete textos de teatro estudados no nível médio das nossas escolas entre 1968 e 1972, apenas um era africano. Ficou óbvio que muito pouco vem sendo feito nas nossas escolas para expor nossos estudantes ao seu meio cultural e físico[15].

Eles estão, portanto, cientes do fato de que um verdadeiro currículo de literatura, não importa o quão extenso seja o alcance do seu escopo e a composição dos seus textos e autores, é limitado, a menos que a literatura seja vista e ensinada como um componente ideológico do contínuo processo nacional de libertação. Numa das suas conclusões, eles escrevem:

> Três princípios centrais que surgiram da conferência têm guiado as discussões do comitê de trabalho e a preparação deste relatório final.
>
> (I) *A cultura de um povo é um componente essencial para definir e revelar a sua visão de mundo. Através dela, processos mentais podem ser condicionados, como foi o caso da educação formal fornecida pelos governos coloniais na África.*
>
> (II) Uma política educacional sólida é aquela que permite aos *estudantes estudarem a cultura e o meio da sua própria sociedade primeiramente e então* em relação à cultura e ao meio de outras sociedades.
>
> (III) *Para que a educação oferecida hoje seja positiva e tenha potencial criativo para o futuro do Quênia, ela deve ser vista como uma parte essencial do contínuo processo de libertação nacional*[16].

O caos gerado pela conferência e pelas suas subsequentes recomendações foi quase uma repetição do debate universitário de 1968 e 1969. Mas agora o debate se tornou nacional. Alguns jornais disponibilizaram suas páginas para o debate da literatura, revelando no processo uma ampla variedade de pontos de vista sobre a questão, de hostilidade extrema a um intenso comprometimento. Acredite se quiser, no início dos anos 70, acadêmicos e professores podiam debater e afirmar a primazia do povo queniano e sua vivência da história de luta sem medo de serem rotulados como marxistas, comunistas ou radicais e jogados em prisões e campos de detenção. Mesmo assim, as propostas e o modelo do currículo elaborados para refletir a nova perspectiva do Quênia, da África Oriental, do Terceiro Mundo e do resto do mundo não foram prontamente aceitos pelo Ministério da Educação. Tornaram-se assunto de debate e luta contínuos nos bastidores do poder educacional. As propostas foram fortalecidas e discutidas em outras conferências e, em 1981, ainda eram motivo de polêmica. Em 1982, um currículo como o do Departamento de Literatura foi rotulado por alguns elementos políticos como marxista. O Quênia-centrismo ou afrocentrismo era agora equiparado ao marxismo.

Não tenho certeza se hoje as propostas foram aceitas ou não. Acredito que alguns elementos, como os componentes de literatura oral, foram introduzidos no currículo escolar de literatura. Mas imagino que a polêmica continue, pois a busca por relevância e todo o debate da literatura não tratava exatamente da admissibilidade desse ou daquele texto, desse ou daquele autor, embora frequentemente se expressasse dessa forma. Se tratava na verdade da direção que o ensino da literatura, assim como da história, da política e de todas as outras artes e ciências sociais, deveria adotar na África de hoje. O debate, em outras palavras, era sobre o sistema de ensino colonial herdado e a consciência que ele introjetava na mente africana. Quais direções um sistema de ensino deve tomar numa África que deseja romper com o neocolonialismo? Qual deveria ser a filosofia a orientá-lo? Como ele quer que os "novos africanos" enxerguem o seu universo e a si próprios? De qual base: afrocêntrica ou eurocêntrica? Quais então deveriam ser os materiais a que seriam expostos e em qual ordem e perspectiva? Quem deveria interpretar esse material para eles: um africano ou um não africano? Se africano, que tipo de africano? Um que internalizou a visão de mundo colonial ou um que tenta se libertar da consciência escravizada que herdou? E quais eram as implicações de tal sistema de ensino para o modelo ou status quo político e econômico? Num contexto neocolonialista, esse sistema de ensino seria possível? Não entraria, afinal, em conflito com o neocolonialismo político e econômico?

O sucesso ou não das recomendações na busca por relevância depende, em última análise, da política governamental em relação a cultura, educação e linguagem e de onde e como ela se posiciona no processo anti-imperialista na África hoje.

Qualquer que seja o destino das propostas de 1974 para a literatura nas escolas, os valores, suposições e atitudes subjacentes a todo o "debate literário de Nairóbi" estão hoje no centro das forças sociais em disputa no Quênia, na África e no Terceiro Mundo — e tudo se resume à questão da relevância, em termos filosóficos nacionais e de classe.

# VI

No nível da base nacional por relevância, duas linhas conflitantes surgiram nos círculos intelectuais quenianos e especialmente na interpretação da história, da política e do desenvolvimento econômico.

Uma linha se identifica com a herança imperialista, colonial e neocolonial e enxerga no imperialismo a força motriz do desenvolvimento do Quênia. Quanto antes o Quênia perder a sua identidade no Ocidente e deixar o seu destino aos interesses do imperialismo, mais rápido será seu desenvolvimento e seu avanço para a modernidade do século 20. Essa linha é particularmente clara na interpretação da história, em que surgiu um corpo de intelectuais do Estado que agora abertamente escrevem manuais louvando o colonialismo.

Esses intelectuais do Estado desdenham das lutas heroicas e patrióticas de quenianos de todas as nacionalidades para libertar o Quênia do garrote do capitalismo imperialista. Para eles, a tradição de colaboração com o imperialismo britânico é o que trouxe a independência, não a tradição de resistência de Waiyaki, Koitalel, Mekatilili, Markan Singh e Gama Pinto, uma tradição alçada a novas alturas por Dedan Kĩmathi e o Exército da Terra e Liberdade do Quênia (Mau Mau). Para esses intelectuais do Estado, a Europa imperialista é o começo da história e do progresso do Quênia. O imperialismo criou o Quênia. Logo, para esses intelectuais, o Estado neocolonial é o modelo a ser utilizado para o rápido desenvolvimento da África.

A outra linha se identifica com a tradição de resistência em todas as nacionalidades. Ela vê nas atividades e ações de homens e mulheres comuns do Quênia a base da história e do progresso do país. A linha, cujos melhores exemplos são os intelectuais que agora estão nas cadeias, nos campos de detenção ou no exílio — esses claramente *não* são funcionários do Estado —, insiste que o Quênia e as necessidades do Quênia vêm em primeiro lugar. Para eles, a perspectiva nacional na economia (mesmo o capitalismo, se o capital e as empresas nacionais forem dominantes), na política e na cultura é de fundamental importância. Para ter a perspectiva nacional correta, a democracia — na qual podem surgir livremente uma ampla variedade de opiniões, pontos de vistas e vozes — é o mínimo absoluto. Para eles, o ponto de partida é um Quênia democrático — o Quênia dos camponeses e trabalhadores de todas as nacionalidades, com seu patrimônio de línguas, culturas, histórias gloriosas de luta, vastos recursos naturais e humanos. Desse ponto de partida, poderão se irradiar para formar conexões com o patrimônio e as lutas de outros povos da África, do Terceiro Mundo, da Europa e das Américas; com as lutas dos povos do mundo todo, as vastas forças democráticas e socialistas infligindo diariamente golpes mortais ao capitalismo imperialista. Um estudo da literatura, cultura e história africanas, começando por uma base nacional, estaria, portanto, ligado às tendências progressistas e democráticas da literatura, história e cultura mundiais. Para eles, a busca pela relevância não é um clamor por isolacionismo, mas um reconhecimento de que a libertação nacional é a base de um internacionalismo de todas as lutas democráticas e sociais por igualdade, justiça, paz e progresso na humanidade. Para eles, o estado neocolonial é a negação do progresso e do desenvolvimento da África. A derrota do imperialismo e do neocolonialismo e, consequentemente, a libertação dos recursos naturais e humanos e de todas as forças produtivas da nação seriam o começo do verdadeiro progresso e desenvolvimento da África. O nacional, visto das necessidades e atividades da maioria — camponeses e trabalhadores — é a base necessária para uma decolagem rumo ao mundo do século 21: a comunidade internacional democrática e socialista do amanhã.

O debate literário de Nairóbi e as enormes reações que ele gerou *a favor* e *contra* refletiram a luta feroz das duas linhas no Quênia de hoje. Ao responder a questão — as fontes da nossa inspiração são estrangeiras ou nacionais? —, as mudanças propostas implicaram uma rejeição inequívoca do imperialista e estrangeiro e uma afirmação do democrático e nacional. Pela primeira vez desde a independência, em 1963, os defensores da cultura imperialista e neocolonial estavam na defensiva.

# VII

Embora o debate literário de Nairóbi tenha conseguido claramente isolar a base nacional democrática de relevância, nem sempre conseguiu ter o mesmo sucesso em isolar as bases filosóficas e de classe da relevância — ainda que estejam implícitas.

As bases filosóficas e de classe da relevância são ainda mais cruciais quando tratamos da área de abordagens críticas e interpretações. Pois o crítico, seja professor escolar ou universitário, intérprete ou analista, é um produto de uma sociedade de classes. Cada criança — pelo nascimento, pela família ou pela ocupação dos pais — cresce numa determinada classe. Pela educação, as crianças são criadas na cultura, nos valores e na visão de mundo da classe dominante, que pode ou não ser a mesma classe do seu nascimento e da sua família. Por escolha, elas poderão optar por um dos lados nas lutas de classes do seu tempo. Logo, sua interpretação da literatura, cultura e história será influenciada pelo posicionamento filosófico, ou base intelectual, e suas simpatias de classe, conscientes ou inconscientes.

Primeiro, a base filosófica. O ponto de vista da pessoa é idealista ou materialista? Seu modo de pensar e raciocinar é dialético ou metafísico? O crítico enxerga valores, ideias e o espiritual como sendo superiores à realidade material? O crítico vê a realidade permanecendo estática para sempre ou mudando o tempo todo? O crítico enxerga coisas, processos, fenômenos como processos interligados ou como entidades separadas e mutualmente exclusivas? Uma vez que a literatura, assim como a religião e outras áreas da cultura, é um reflexo do mundo da natureza e da comunidade humana, a visão de um crítico na vida real afetará profundamente a sua interpretação da realidade refletida.

Isso é ainda mais verdadeiro no que diz respeito às simpatias e identificações de classe.

Um crítico que na vida real desconfia de pessoas lutando pela libertação desconfiará de personagens que, ainda que apenas em um romance, estejam lutando por libertação. Um crítico que na vida real é impaciente com todo o debate sobre classe, luta de classes, resistência ao imperialismo, racismo e lutas contra o racismo, sobre violência reacionária versus revolucionária, ficará igualmente impaciente quando encontrar os mesmos temas predominantes num trabalho artístico. Na crítica, assim como na escrita criativa, há uma luta ideológica. A visão de mundo de um crítico, suas simpatias de classe e seus valores afetarão suas avaliações de Chinua Achebe, Sembene Ousmane, Brecht, Balzac, Shakespeare, Lu Hsun, García Márquez ou Alex La Guma.

A busca por relevância exige mais do que a escolha do material. A atitude para com o material também é importante. É claro, jamais poderá haver uma legislação quanto a isso. Mas estar alerta para as suposições ideológicas de classe por trás das escolhas, pronunciamentos e avaliações é crucial. A escolha do que é relevante e a avaliação de uma qualidade é condicionada pela base nacional, filosófica e de classe. Esses fatores fundamentam a polêmica de toda a busca por relevância no ensino da literatura nas escolas e universidades do Quênia.

# VIII

Pois então, o Debate Literário de Nairóbi e a busca por relevância foram basicamente desafios à posição que as pessoas ocupam nas grandes questões sociais do mundo hoje em dia. Na era do imperialismo, qual é mesmo o nosso posicionamento? Numa sociedade construída sobre uma estrutura de desigualdade, qual é o nosso posicionamento? Podemos seguir neutros, encasulados nas nossas bibliotecas e disciplinas acadêmicas, murmurando para nós mesmos: sou apenas um cirurgião; sou um cientista; sou um economista; ou sou simplesmente um crítico, um professor, um palestrante? Como diz Brecht, num poema endereçado aos estudantes da faculdade dos "trabalhadores e camponeses":

> Sua ciência não terá valor, verão
> E o aprendizado será estéril, ainda que convidativo
> A menos que prometam o intelecto para a luta
> Contra todos os inimigos da humanidade[17].

Ou no seu poema endereçado a atores dinamarqueses da classe trabalhadora:

> E é lá que vocês
> Os atores trabalhadores, ao aprender e ensinar
> Podem exercer seu papel criativamente em todas as lutas
> Dos homens do seu tempo,
> Ajudando, assim, com sua seriedade de estudo e a alegria do conhecimento
> A transformar as lutas em experiência comum e
> A justiça em paixão[18].

Quando um dia os homens e as mulheres comuns de todos os nossos países resolverem, como previsto no poema endereçado aos intelectuais apolíticos pelo falecido poeta guatemalteco Otto René Castillo, se levantar e nos perguntar o que fizemos enquanto nossas nações secavam lentamente, "como uma doce chama, pequena e solitária, sim, quando nos perguntarão —

> O que vocês fizeram quando os pobres
> Sofriam, quando a ternura
> e a vida
> se apagava dentro deles?[19]

— nós, que ensinamos literatura, história, artes, cultura, religiões, devemos ser capazes de responder com orgulho, como o intelectual brechtiano, que ajudamos a tornar as lutas em esferas de conhecimento comum e, acima de tudo, a justiça em uma paixão.

# IX

O debate literário de Nairóbi é um debate que continua. Está presente no leste, oeste, sul e norte da África. Está presente no Caribe. Está presente na Ásia e na América Latina. A relevância da literatura. A relevância da arte. A relevância da cultura. Qual literatura, qual arte, qual cultura, quais valores? Para quem, para o quê? O debate, mesmo para os quenianos, não resolveu, por exemplo, a questão das línguas multinacionais num mesmo país. O inglês ainda é o meio linguístico do debate; e das soluções temporárias das conferências de 1968-1969 e 1974. A questão da língua não pode ser resolvida fora da arena maior da economia e da política ou fora da resposta para a questão de qual sociedade queremos.

Mas a busca por novas direções na língua, na literatura, no teatro, na poesia, na ficção e nos estudos acadêmicos na África é parte essencial das lutas do povo africano contra o imperialismo na sua etapa neocolonial. É parte dessa luta por aquele mundo onde a minha saúde não depende da lepra de outro; meu asseio não depende do corpo infestado de vermes do outro; e minha humanidade não depende do enterro da humanidade de outros.

Há cento e cinquenta anos, ou seja, quarenta anos antes da conferência de Berlim, um visionário alemão percebeu como o dinheiro tirado do trabalhador e do pobre veio a dominar as relações humanas:

> Ele converte a fidelidade em infidelidade, amor em ódio, ódio em amor, virtude em vício, vício em virtude, servo em senhor, boçalidade em inteligência e inteligência em boçalidade (...) Aquele que pode comprar a bravura é bravo, malgrado seja covarde[20].

Ele previu um novo mundo, baseado em uma relação não de propriedade roubada, mas de qualidades humanas que despertam qualidades ainda mais humanas em nós todos:

> Suponhamos que o homem seja homem e que sua relação com o mundo seja humana. Então o amor só poderá ser trocado por amor, confiança por confiança, etc. Caso se desejar apreciar a arte, será preciso ser uma pessoa artisticamente educada; caso se queira influenciar outras pessoas, será mister ser uma pessoa que realmente exerça efeito estimu-

lante e encorajador sobre as outras. Todas as nossas relações com o homem e com a natureza terão de ser uma *expressão específica*, correspondente ao objeto da nossa escolha, da nossa vida *individual real*. Se você amar sem atrair amor em troca, isto é, se você não for capaz, pela manifestação de você mesmo como uma pessoa amável, fazer-se amado, então seu amor será impotente e um infortúnio[21].

Este não era um papa alemão no Vaticano, mas Karl Marx na biblioteca do Museu Britânico. E foi ele que lançou mais um desafio a todos os acadêmicos, todos os filósofos, todos os homens e mulheres das letras, todos aqueles que, nas suas diferentes disciplinas, tentam explicar o mundo. Aqui, ele escreveu:

Os filósofos apenas *interpretaram* o mundo de várias maneiras; a questão, no entanto, é *mudá-lo*[22].

Mudá-lo? Esse sentimento está de acordo com a visão de todos os "condenados da terra" na África, Ásia e América Latina, que lutam por uma nova ordem econômica, política e cultural, livre do imperialismo na sua forma colonial ou na sua mais sutil — mas mais perversa — forma neocolonial. É o sentimento de todas as forças democráticas e socialistas pela mudança no mundo de hoje, forças certa vez mencionadas por Brecht no poema *Discurso aos atores dinamarqueses da classe trabalhadora sobre a arte da observação*:

Hoje, por toda parte, das cidades com centenas de andares
Pelos mares, entrelaçados por navios abarrotados
Às vilas mais solitárias, espalhou-se a notícia
De que o destino da humanidade é o homem só. Logo

> Pedimos agora a vocês, os atores
> Do nosso tempo — um tempo de derrubada e maestria sem limites
> De toda natureza, mesmo a do homem — afinal
> Para que mudem a si mesmos e nos mostrem o mundo da humanidade
> Como ele realmente é: criado pelos homens e aberto à alteração[23].

É a isso que este livro sobre política da linguagem na literatura africana diz a respeito: libertação nacional, democrática e humana. O chamado pela redescoberta e retomada da nossa língua é um chamado para uma reconexão regenerativa com as milhões de línguas revolucionárias na África e no mundo todo exigindo libertação. É um chamado pela redescoberta da verdadeira língua da humanidade: a língua da luta. É a língua universal subjacente a todas as falas e palavras da nossa história. Luta. A luta faz a história. A luta nos faz. Na luta, está a nossa história, a nossa língua e o nosso ser. Essa luta começa onde quer que estejamos; em tudo o que fazemos: assim, nos tornamos parte daqueles milhões que Martin Carter uma vez viu dormindo — não para sonhar, mas sonhando para mudar o mundo.

## **Notas**

1. **Ngũgĩ wa Thiong'o,** *Homecoming*. Londres: 1969, p. 145.
2. **Ibidem,** p. 146
3. **Ibidem,** p. 146.
4. **Ibidem,** p. 150.

5. **Ibidem,** p. 148

6. **O debate e as conferências** que se sucederam também foram tema de dissertações acadêmicas — ver, por exemplo, Anne Walmsley, *Literature in Kenyan education: problems and choices in author as producer strategy*. M. A. Dissertation, Universidade de Sussex.

7. ***Recommendations*** *of the working comittee*, p. 7.

8. **Ibidem,** p. 8.

9. **Ibidem,** p. 8.

10. **Ibidem,** p. 59.

11. **Ibidem,** p. 61-2.

12. **Ibidem,** p. 70-1.

13. **Ibidem,** p. 21.

14. **Ibidem,** p. 7.

15. **Ibidem,** p. 7-8.

16. **Ibidem,** p. 19-20.

17. **Brecht,** *Collected poems*. Methuen Edition, p. 450. *To the students of workers and peasants faculty*, l. 5-8.

18. **Ibidem,** p. 238. *Speech to Danish working-class actors on the art of observation*, l. 160-6.

19. **O poema completo** está em *Latin american revolutionary poetry*, de Robert Márquez (ed.). Nova Iorque e Londres, 1974.

20. **Karl Marx,** *Manuscrito econômico-filosóficos*. 1844.

21. **Ibidem.**

22. **Karl Marx,** *Teses sobre Feuerbach n. XI*.

23. **Brecht,** *Collected poems*. Methuen Edition, p. 234, l. 35-43.

## POSFÁCIO

### Rodrigo Rosp

A questão é: que língua vamos usar? Eis a síntese do dilema que Thiong'o nos apresenta: a escolha da língua — do povo ou do colonizador — para o fazer literário e a importância dessa decisão como "um chamado pela redescoberta da verdadeira língua da humanidade: a língua da luta".

Uma pessoa distraída facilmente dirá que não existe nada comparável no nosso país. Afinal, há um oceano de distância entre a abrangência da língua do colonizador no Quênia e no Brasil. Aqui, mais de 98% das pessoas têm como idioma materno o português; lá, menos de 1% aprende o inglês, um dos idiomas oficiais, como primeira língua.

No Brasil, ao contrário da África, o colonizador interditou o multilinguismo muito mais cedo, com "gerações e mais gerações de indígenas exterminados, milhões e milhões de africanos arrastados para cá, vendidos e massacrados por um sistema que visava privá-los de partes importantes da sua identidade", como mostra Caetano W. Galindo em *Latim em pó*, e hoje "poucas nações de tamanho mais considerável são tão fundamentalmente monolíngues como a nossa". Embora seja imprescindível sublinhar a resistência de línguas dos povos originários e o espaço que vêm ganhando, por sua relevância política, o uso e os estudos de bajubá, pretuguês, portunhol, já faz bastante tempo que o português é a língua materna da imensa maioria da população brasileira.

Essa oposição de contextos poderia sinalizar uma total impossibilidade de vislumbrar, na literatura brasileira, o dilema de Thiong'o. Se na África existe uma separação evidente entre as línguas do povo e a do colonizador, para nós ambas se chamam "português", o que leva muita gente a pensar que são uma só.

Mas não é bem assim.

Por mais que a gente acabe usando um português com a nossa cara — nosso vocabulário, nossos sotaques e uma grafia que, apesar dos acordos ortográficos, também tem diferenças —, ainda nos vemos regidos pelas normas do português europeu. E isso faz com que, em alguma medida, a gente continue se curvando à língua do invasor.

Na África, desde muito antes de 1986 (quando foi publicado este livro), os linguistas, escritores e acadêmicos africanos já problematizavam a questão. Aqui, em 2025, nosso problema desaparece nos interstícios dos debates da pauta progressista. A decisão de aderir ou não às normas do português europeu em detrimento do português brasileiro não rende acaloradas discussões, não mobiliza grupos — como deveria acontecer. Parece que, para nós, a "política da linguagem na literatura" não "diz respeito à libertação nacional, democrática e humana".

Marcos Bagno, em *Preconceito linguístico*, aborda dois mitos que persistem no nosso cenário: "só em Portugal se fala português direito" e "português é uma língua difícil". Ele aponta que as raízes de tais premissas vêm da educação: "Como o nosso ensino da língua sempre se baseou na norma gramatical literária de Portugal, as regras que aprendemos na escola em boa parte não correspondem à língua que realmente falamos e escrevemos no Brasil".

Essa constatação, bastante óbvia, parece não atormentar escritores, editores, tradutores e revisores, que aderem naturalmente às normas do português europeu quase sem reflexão sobre isso. Claro que não é um fenômeno apenas do meio editorial, mas algo estrutural — que começa nas escolas, passa pelo modelo de correção da redação do ENEM e chega nos manuais de redação ultraconservadores dos jornais, na programação normativa dos processadores de texto e em toda uma cultura disseminada através das redes que espalha ideias obsoletas junto com regras falsas.

Não é à toa que Bagno defende que "não somos portugueses, por isso não temos que moldar nossa língua de acordo com os usos característicos dos portugueses, que seguem regras condizentes com a realidade da língua deles". Será que não deveríamos adequar a nossa língua à *nossa* realidade? Não fica evidente que, ao não aceitarmos o falar brasileiro na nossa escrita, ainda estamos subjugados pelos grilhões da língua do colonizador?

"Não havia neutralidade. Eu precisava escolher", atesta Thiong'o. No Brasil, parece que é possível se eximir da necessidade da escolha em prol de uma neutralidade que, como em qualquer campo da luta, jamais existirá. Nesse sentido, Bagno sustenta que "no fundo, a ideia de que português é muito difícil", fundamentada na gramática normativa do invasor, "serve como mais um dos instrumentos de manutenção do status quo das classes sociais privilegiadas".

Thiong'o assevera que "a busca por novas direções na língua, na literatura, no teatro, na poesia, na ficção e nos estudos acadêmicos na África é parte essencial das lutas do povo africano contra o imperialismo na sua etapa neocolonial". Então por que não temos aqui uma preocupação semelhante? Não deveríamos nos questionar se, no meio literário, não estamos justamente colaborando para a manutenção das normas de uma elite que ainda goza dos privilégios herdados do colonialismo?

Não vemos nenhum movimento que oponha resistência ao português europeu como norma e que defenda o uso do português brasileiro. Como reforça Bagno, "os portugueses não são os *donos da língua*. Esse é um pensamento tosco, subserviente e colonizado. Os donos da língua, de qualquer língua, são os seus falantes nativos". Assim, fica a esperança de que este livro possa colaborar para descolonizarmos nossas mentes aqui também. As ideias de Thiong'o precisam ecoar entre nós para que não tenhamos mais nenhuma dúvida: a língua pertence ao povo, e somente ao povo.

**Rodrigo Rosp** é editor da Dublinense, doutor em Escrita Criativa e criador do perfil A Língua Muda

Copyright © 1981, 1982, 1984, 1986 Ngũgĩ wa Thiong'o
Primeira publicação: 1986
Título original: Decolonising the mind
The politics of language in african literature

**CONSELHO EDITORIAL**
Gustavo Faraon, Rodrigo Rosp e Samla Borges

**TRADUÇÃO**
Hilton Lima

**PREPARAÇÃO**
Alice Meira Moraes e Samla Borges

**REVISÃO**
Evelyn Sartori e Rodrigo Rosp

**CAPA E PROJETO GRÁFICO**
Luísa Zardo

**FOTO DO AUTOR**
Daniel Anderson

---

**DADOS INTERNACIONAIS DE
CATALOGAÇÃO NA PUBLICAÇÃO (CIP)**

T444d Thiong'o, Ngũgĩ wa
Descolonizando a mente : a política linguística na
literatura africana / Ngũgĩ wa Thiong'o ; trad. Hilton Lima.
— Porto Alegre : Dublinense, 2025.
224 p. ; 19 cm.

ISBN: 978-65-5553-184-8

1. Literatura Africana — História. 2. África — Linguagem.
3. África — Aspectos Políticos. I. Lima, Hilton. II. Título.

CDD 809.896 • CDU 809:896(091)

Catalogação na fonte:
Eunice Passos Flores Schwaste (CRB 10/2276)

---

Todos os direitos desta edição
reservados à Editora Dublinense Ltda.
Porto Alegre — RS
contato@dublinense.com.br

Descubra a sua próxima
leitura na nossa loja online

**dublinense**.COM.BR

Composto em MINION PRO e impresso na LOYOLA,
em PÓLEN NATURAL 70g/m², no OUTONO de 2025.